この本の使い方

いつも見ているニュースがもっと深く理解できるヒントがいっぱい！

まずはご自分で読んでみる

「そう言えば、こんなニュースあったけどその背景はどんなものだったのだろう？」など、ご自分の興味のあるテーマから読んでみてください。いつものニュースを通して、私たちが直面している問題や本質が見えてくるかもしれません。

お子さんに質問してみる

お子さんが興味を持ちそうなテーマを選んで、ご質問をしてみるのはどうでしょうか。思いもかけない答えが返ってくるかもしれませんね。それも楽しみつつ、親御さんから理解が深まるようにお話をしてあげてください。

家族でニュースについて話し合ってみる

一家団らんの話題として、ニュースについて家族で話し合うのもおすすめです。一つの疑問からいろいろな分野に興味が出てきたらしめたもの。本書を入り口に、私たちと社会のつながりを感じられるようになってもらえたらうれしいです。

はじめに

毎日のように流れてくるニュース。ニュースをあなたはどうやって得ていますか。日々見聞きしているニュースを、あなたはどれだけ理解しているでしょうか。「ああ、そうなのか」とわかった気になっていても、知人や子どもから、「あのニュースは、どういうことなの?」と聞かれたら、即答できないことはありませんか。わかった気になっていたのに、いざというときに他人に説明できない。そうしたことは、意外に多いものです。

例えば、「なぜ働き方改革が必要なの?」と聞かれたら、何と答えるか。「これまでの日本人の働き方は猛烈だったからね」という答えですむのでしょうか。日本人の働き方には問題がある。これは、前から言われていたことです。それなのに、なぜ今になって問題とされているのでしょうか。そこには、これからの日本が直面する問題があるのです。

あるいは、「アメリカのトランプ大統領のことを今も支持している人がいるのは、どういうこと？」と聞かれたら、何と答えるでしょうか。「世の中には、いろいろな人がいるからね」などと、安易な答えをしていませんか。なぜトランプ大統領を支持している人たちがいるのかをじっくり考えることで、アメリカが抱えている病根が見えてくるのです。

国会でずっと続いていた「モリカケ問題」。何が問題だったのでしたっけ。そこで問題になった公文書の管理。日本の公文書の管理はいかがなものなのでしょうか。しばしばニュースになっていたのに、本質的な問題には気づかなかった。そんなことは多々あるものです。

いつものように受け取っているニュースには、どんな意味があるのか。まずはこの本で、それをつかんでください。でも、それだけで満足することなく、そのニュースの背後にあるものを考えてみる。すると、今後私たちが何に気をつければいいのかが見えてきます。これからの日本と世界のことをどう考えればいいのか。それを考えるきっかけになれば幸せです。

ジャーナリスト　池上　彰

目次

第5章　ニュースの送り手・メディアについて考える

編集協力／松崎のり子
イラスト原案／山本貴也
カバーデザイン／小口翔平＋岩永香穂（tobufune）
本文デザイン／國分 陽
カバー、本文イラスト／伊藤美樹
カバー写真／村越将浩
校正／新井智子、根津桂子

第1章

日本の「今」がわかるニュース

子どもと一緒に考えよう！

働き方改革は、なぜ必要？今の働き方はどこが悪い？

池上さんだったらこう答える！

長時間労働が当たり前の日本人の働き方を見直し、女性や高齢者でも活躍できるようにするのが目的

2018年、安倍政権が最重要法案と位置づけていた「働き方改革法」が成立しました。働き方に関する8本の法律をまとめて改正するため、いろいろな内容が盛り込まれています。例えば、長時間労働を是正するための残業時間の上限規制、非正規社員と正規社員の格差をなくす同一労働同一賃金など。その背景にあるのは、日本の人口、特に労働力人口の減少です。

今団塊の世代が次々と定年退職し、15歳から64歳までの労働力人口が急激に減っています。この穴を埋めるには「移民を受け入れる」という方法もありますが、自民党の保守派は移民の受け入れには否定的です。ならばどうするか。

日本には、日本語ができて日本のことを熟知している人たちがいっぱいいるじゃないか、というわけで、高齢者と女性の働き手を増やそうと考えたわけです。安倍政権が目指す「一億総活躍社会」ですね。

しかしながら、従来の日本人の働き方と言えば、長時間労働だったり、急な配置転換や転勤にも応じなければならなかったり、勤務時間終了後も上司と飲み会に行かなければならなかったりと、子育て中の女性にはハードルが高いものでした。

そこで将来の労働力を確保するため、既存の働き方を全面的に修正し、多様な働き方を選べるようにしようというのです。それが「働き方改革」です。

最大のテーマは日本式の長時間労働を変えること

なかでも日本の長時間労働は異常です。長時間働いているのに、1人当たりの労働生産性はほかの国と比べて低いのです。2016年におけるOECD（経済協力開発機構）加盟国の労働者1人当たりの平均労働時間と労働生産性を見ると、就業者1人当たりの名目付加価値は8万1777ドルで、OECD平均9万2753ドルより低く、加盟35カ国中21位となっています。「名目付加価値」とは、1人が新たにつくり出した価値の金額のこと。ざっくり言えば「1人当たりの売り上げ」のようなものです。主要先進7カ国中では、1970年以来ずっと日本は最下位です。

多様な働き方で働き手を増やす

女性や高齢者が働きにくい環境
急な配置転換・転勤
引っ越し
長時間労働
仕事後の飲み会
2018年 働き方改革法案
残業時間の上限規制
同一労働同一賃金など
多様な働き方で高齢者と
女性の働き手を増やす
おつかれー

会議が長かったり、現場に決裁権が与えられていなかったり、日本独特の仕事の進め方には問題が多いのですね。

長時間労働が社会問題になったきっかけに、電通の女性新入社員・高橋まつりさんが過労自殺した事件がありました。実は、「過労死」ということばがあるのは日本だけ。過労死を英語でどう書くかというと「KAROSHI」です。つまり、死ぬまで働くなんていう概念は、欧米にはないのですね。

これからの日本は人生100年時代になると言われています。子育てや介護と両立しながら働き続けたいという人も増えるでしょう。深夜まで残業するのが当たり前という時代では、もはやありません。

ある会社は、出退勤の時間を自由に選べるフレックス制にしたら、出産などで仕事をやめた優秀な女性が続々と戻ってきたとか。働きやすさが優秀な人材を集め、生産性も上がるという好循環が生まれることを期待しましょう。

発展編

さらに詳しく知っておこう！

長時間労働が当たり前だったのが新聞社やテレビ局。これらの会社に労働基準監督局の調査が入るようになり、「早く帰れ」「休みを取れ」と厳しく言われるようになりました。その結果、「残業代がなくなった」と悲鳴を上げている人もいます。

子どもと一緒に考えよう！

「プレミアムフライデー」のように、政府が休みをすすめるのはなぜ？

池上さんだったらこう答える！

日本人は「お上《かみ》」から言われないとなかなか休めない国民性だから

2017年2月から始まった「プレミアムフライデー」。月末の金曜日の退社時間を午後3時にしよう、という呼びかけでスタートしましたね。なぜ、わざわざ国が呼びかけたりするのか。目的は「個人消費の喚起」です。政府は2020年までに「名目GDP600兆円の実現」という目標を掲げましたが、GDP（国民総生産）のおよそ6割を占める個人消費は、依然として停滞が続いています。

バブル期は「花金」つまり「花の金曜日」といって、金曜日は、別に政府に言われなくても飲みに行ったり、遊びに行ったりして盛り上がっていたものですが、デフレの今、消費マインドは冷え込んだまま。そこで、金曜日の午後に早帰りすることで、家族や友達と外食に行ったり、金曜夕方発の2・5日ツアーで旅行に出かけたりして、個人消費を押し上げようと考えました。うまくいけば、経済効果は1日当たり1200億円との試算もあったのですが……。

お上の思惑は庶民とずれてばかり？

ただでさえ忙しい月末の金曜日に早く帰れるのか、という意見は最初からありました。ほかにも、「旅行業界や外食産業など、それに関わるサービス業従事者は働かなければならないので不公平では」、「時間給で働いている人は早く帰るとそれだけ収入が減り、ますます先立つものがなくなる」、あるいは「全体の仕事量が減らないのであれば、どこかにしわ寄せがきて、週明けはブルーマンデーになるのではないか」。そんな批判的な声も多かったのです。

結局、2年近く経ってみて、定着したという実感はありません。

音頭を取っていた経済産業省も、さすがに失敗だったと思ったのでしょう。今度は、日曜に遅くまで遊んで、そのかわり月曜の午前中は半休を取り、ゆっくり出社するという「シャイニングマンデー」を検討しているとか。果たして、今度はうまくいくのでしょうか？

個人消費を喚起したいが…

とは言え、国が主導して「休みにします」と言いださなければ休みにくいのが、日本の企業風土。実は、日本は先進国の中で祝日の数が抜きん出て多い国でもあるのです。2016年から8月11日が「山の日」に制定されましたね。日本は「とにかく毎月、祝日をつくろう」と考えていて、祝日がない月は今や6月だけになりました。

フランス人やドイツ人などは、「休め」と言われなくてもそれぞれがバカンスを取って、休むときには大いに休む。でも、日本人はお上主導で祝日をつくらないと休まない。だから、休めるように国があれこれ考える、というおせっかいをするのです。

お上に与えられるのではなく、個人の判断で自由に休めるようになるのが理想なのですが。企業は「働き方改革」と一緒に、「休み方改革」にも取り組んでいかなくてはならないのでしょうか。

発展編

さらに詳しく知っておこう！

大企業は社員に「休め」と命じることができますが、あおりを受けるのは取引先の中小企業。業務を丸投げされることもあり、「ますます休めなくなった」という声も聞かれます。

子どもと一緒に考えよう！

高齢者が運転する自動車の事故が増えているけど、対策は？

池上さんだったらこう答える！

免許証の自主返納をすすめてはいるけれど車の性能を上げるほうが確実かもしれません

高齢ドライバーの起こす事故が相次いでいます。

２０１６年、横浜では軽トラックが集団登校していた小学生の列に突っ込み、７人が死傷したという悲惨な死亡事故が起きました。87歳のドライバーは「どこを走ったか記憶にない」と供述。認知症が疑われました。

ブレーキとアクセルを踏み間違えて建物に突っ込んでしまったり、高速道路を逆に侵入して正面衝突を起こしてしまったり、こうしたニュースを聞くことが増えました。

交通事故の総数は年々減少しているのに、高齢ドライバーによる死亡事故の割合は増加傾向にあります。75歳以上の運転者の死亡事故件数は、75歳未満の運転者と比較して2倍以上多く発生しているとの統計もあるのです。

こうした状況は、今後も変わらないでしょう。2025年には、人口の多い団塊の世代が75歳以上になるからです。

「運転免許にも定年制を」との声もありますが、都市部以外では車は欠かせない移動手段の一つ。危ないとはわかっていてもしかたなく……というケースもあるでしょうし、自分の運転に自信を持ち、老いを認めたくないがゆえに運転をし続けるケースもあるでしょう。

そうした現状を受け、2017年に改正された道路交通法では、75歳以上の人は運転免許の更新時に認知機能検査を受けることになりました。もし認知症の疑いがあれば医師の診断を受け、認知症と診断された場合は免許取り消しになります。検査や診察を受けない場合も取り消しの対象になります。

ただ、高齢者の事故の原因は認知症だけではありません。誰しも年を取ると運動機能や判断力が衰え、交通事故の危険性は高まります。

何か有効な打開策はないものか。

もみじマークの代わりに「高齢車」を義務づけ？

各市町村や警察署では、運転に不安を感じるようになってきた高齢者に対し、運転

増える高齢者事故の割合

75歳以上の運転者による死亡事故件数及び割合
（出典：内閣府「平成29年交通安全白書」）

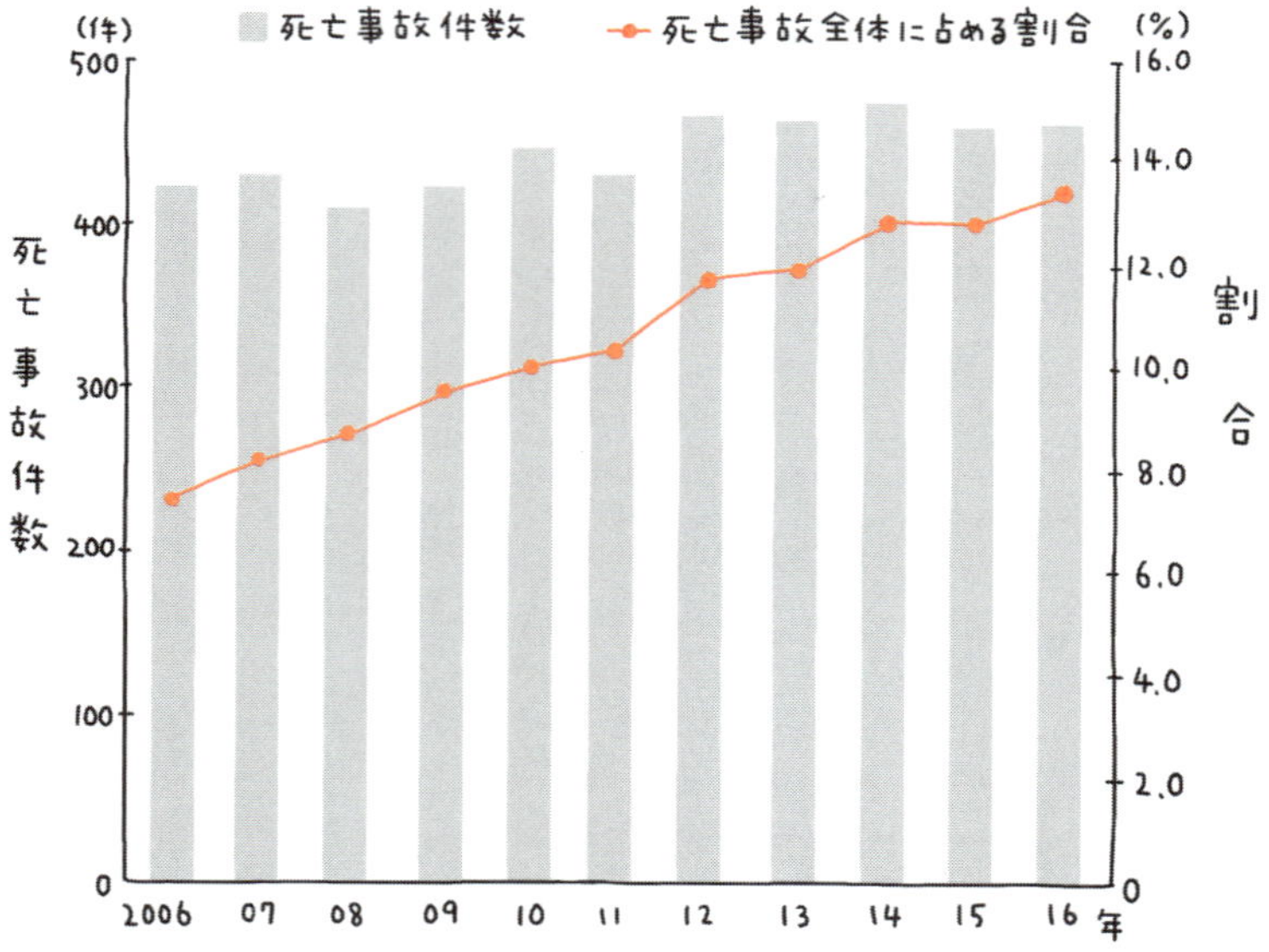

免許証を自主返納するように推奨しています。

都会に住んでいれば、公共の交通機関が発達しているのでそう不便はないでしょうが、問題は地方をどうするか。

生活に必要な機能と住居地域を集め、歩いて暮らせる集約型まちづくりを目指す「コンパクトシティ」化を進めて移住してもらうというアイディアもありますが、うまくいっているケースは多くありません。

政府は自動運転の技術にも期待しているようですが、日本の高齢化はそれを待っていられないほど急ピッチで進んでいます。自動車メーカーは、アクセルとブレーキを踏み間違えないような、あるいは踏み間違えても動かないという高齢者向けの車を開発して、「高齢車」として安価に販売するのはどうでしょう？

発展編

さらに詳しく知っておこう！

運転免許証には顔写真がついているので、個人のＩＤ（身分証明書）代わりにも使われています。運転免許証を返納すると、身分証がなくなると反対する人もいます。

子どもと一緒に考えよう！

日本中で空き家がどんどん増えているのはなぜ？

池上さんだったらこう答える！

日本は、高度経済成長時代から新築ばかり優遇してきたから。これからは人口減で、もっと家余り状態になっていくでしょう

空き家の増加が、新たな社会問題を生んでいます。総務省の調査によると、全国の空き家は2013年10月時点で約820万戸。この20年で1・8倍に増加し、今や8戸に1戸が空き家です。

今にも崩れそうな廃屋の場合、放火や倒壊のおそれがあり、地震などの災害が発生した場合には避難路をふさぐといった問題も生じます。また、不審者が出入りしたり、ゴミの不法投棄など、さまざまなトラブルを引き起こす原因となっています。

そもそも、なぜここまで空き家が増えているのか。

一つは、政府の住宅政策に問題がありました。戦後の日本は、人口増に住宅供給が追いつかず、政府は新築を優遇して住宅を大量に供給してきました。その後も景気対策のため、税制や住宅ローンで新築を優遇。それが、近年の少子化で裏目に出てしまったのです。

今、特に増えているのは、木造一戸建ての空き家です。親の家などを相続したものの、今の生活圏とは離れているため、そのまま空き家になってしまうケースが多いのです。建物を壊してさら地にしようとしても解体費用がかかるので、なかなか進みません。また、固定資産税のことを考えて、あえてそのまま放置してきた事情もあります。固定資産税には、一定の評価額の土地を「さら地」で持っているときと比べ、家が建っていれば価値を6分の1として計算できるという特例措置がありました。それがボロボロの空き家でもOKだったのです。

ところが、2015年5月26日からスタートした「空き家対策特別措置法」では条件が厳しく変わりました。

そのまま放置すれば倒壊する危険があったり、窓ガラスが割れていたり落書きが放置されていたりなど適切な管理がされていないとなると、その家は「特定空き家」に指定されます。「特定空き家」となった場合には、先ほどの固定資産税の優遇をやめることなどが盛り込まれたのです。つまり、そうした空き家の所有者は、これまでの6倍もの税金を払うことになりかねません。

増えている空き家

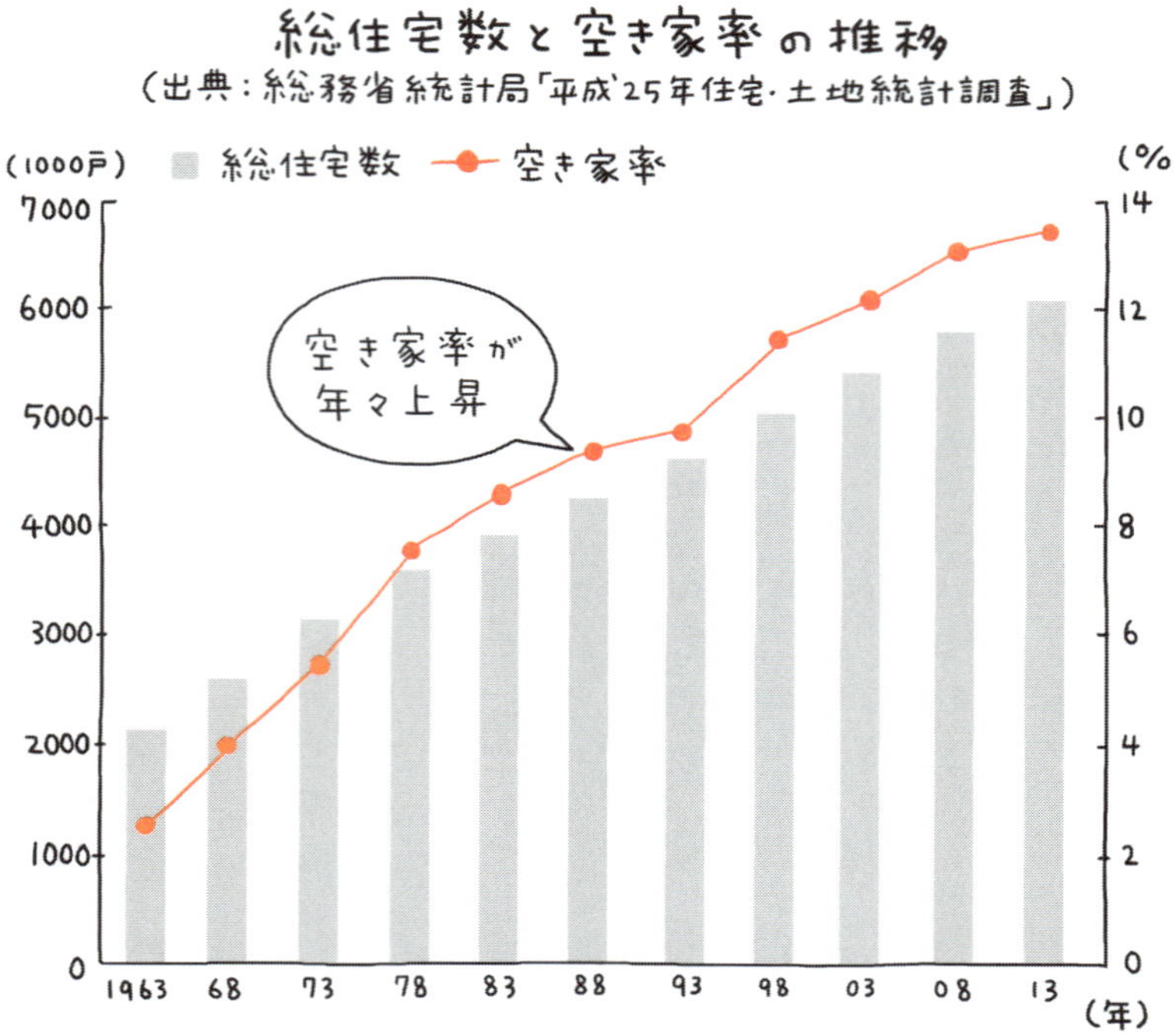

総住宅数と空き家率の推移
（出典：総務省統計局「平成25年住宅・土地統計調査」）
（1000戸）
総住宅数
空き家率
（%）
7000
6000
5000
4000
3000
2000
1000
0
14
12
10
8
6
4
2
0
1963
68
73
78
83
88
93
98
03
08
13
（年）
空き家率が
年々上昇

自治体が
撤去する例も

空き家は個人の財産だが、やむを得ず自治体が取り壊しも

これまでは、たとえ今にも倒壊しそうな危険な建物でも、それを自治体が勝手に取り壊すことはできませんでした。憲法上保障されている「財産権」の侵害に当たるのでは、というのが理由です。

こうした事態にも「空き家対策特別措置法」は、一歩踏み込んでいます。「特定空き家」に指定され、所有者が立ち入り調査などに応じない場合には、行政代執行による強制的な解体・撤去も可能になりました。「行政代執行」とは、行政つまり役所が本人に代わって取り壊しなどができる仕組みです。これに基づき、やっと行政代執行に踏み切る自治体が増えているようです。

政府も目先の景気対策しか考えないでいるから、こんなことになるのですね。こうしている今も、どんどん新築が建てられ、将来の空き家が生まれているのですから。

発展編

さらに詳しく知っておこう！

今問題になっているのは木造一戸建ての空き家ですが、マンションの老朽化も進んでいます。集合住宅の解体のためには居住者の賛成が必要というハードルもあります。

子どもと一緒に考えよう！

古くなった道路やトンネル、補修されずにそのままなのはなぜ？

池上さんだったらこう答える！

一斉に寿命を迎えるため、ばく大な補修費用が必要。お金がない自治体には重い負担がかかることに

２０１２年12月、中央自動車道上り線笹子トンネル内で9人が亡くなるという痛ましい事故が起きました。トンネルに設置された天井板が約１４０メートルにわたって崩落、車3台がその下敷きになったのです。その原因となった天井板は吊り方式と言い、昔のトンネルに採用されていたものでした。

笹子トンネルができた１９７５年当時は、車の性能があまりよくなく、大量の排ガスを出していました。排ガス対策としてトンネル上部に左右2本の通路状の空間を造り、片方は排ガスを送り出す排気用、もう片方は外から新鮮な空気を取り入れる送気用として利用したのです。

しかし現在、トンネル内の換気は巨大なジェットファンが主流です。最近の車は排ガスもクリーンになって、大がかりなものは必要なくなりました。

1960年代の高度経済成長時代には、笹子トンネルのようなトンネルや橋、上下水道などが大量に造られました。例えば1970年の1年間に造られた橋の数は、約1万6000本もあるのです。一斉に造ったわけですから、老朽化も一斉です。耐用年数の目安である建設後50年を超える橋の割合は、2023年には約4割、2033年には7割近くにも上るとか。

1964年の東京オリンピックに合わせて造られた首都高速道路でも、数多くの問題が見つかっています。ひとたび崩落すれば甚大な被害をもたらすインフラの老朽化対策は、急務なのですね。

しかし、老朽化対策を進めようとすると今度はばく大なお金がかかります。では、それを誰が負担することになるのか。

補修したくても地方にはお金がない

そもそもインフラとは何でしょう。インフラストラクチャーを略したもので、道路や橋、鉄道、また学校や病院など、私たちの生活を支える社会基盤のことを指します。

なかでも道路や橋、トンネルなどのインフラには、国が管理するものと、都道府県

老朽化が進むインフラ

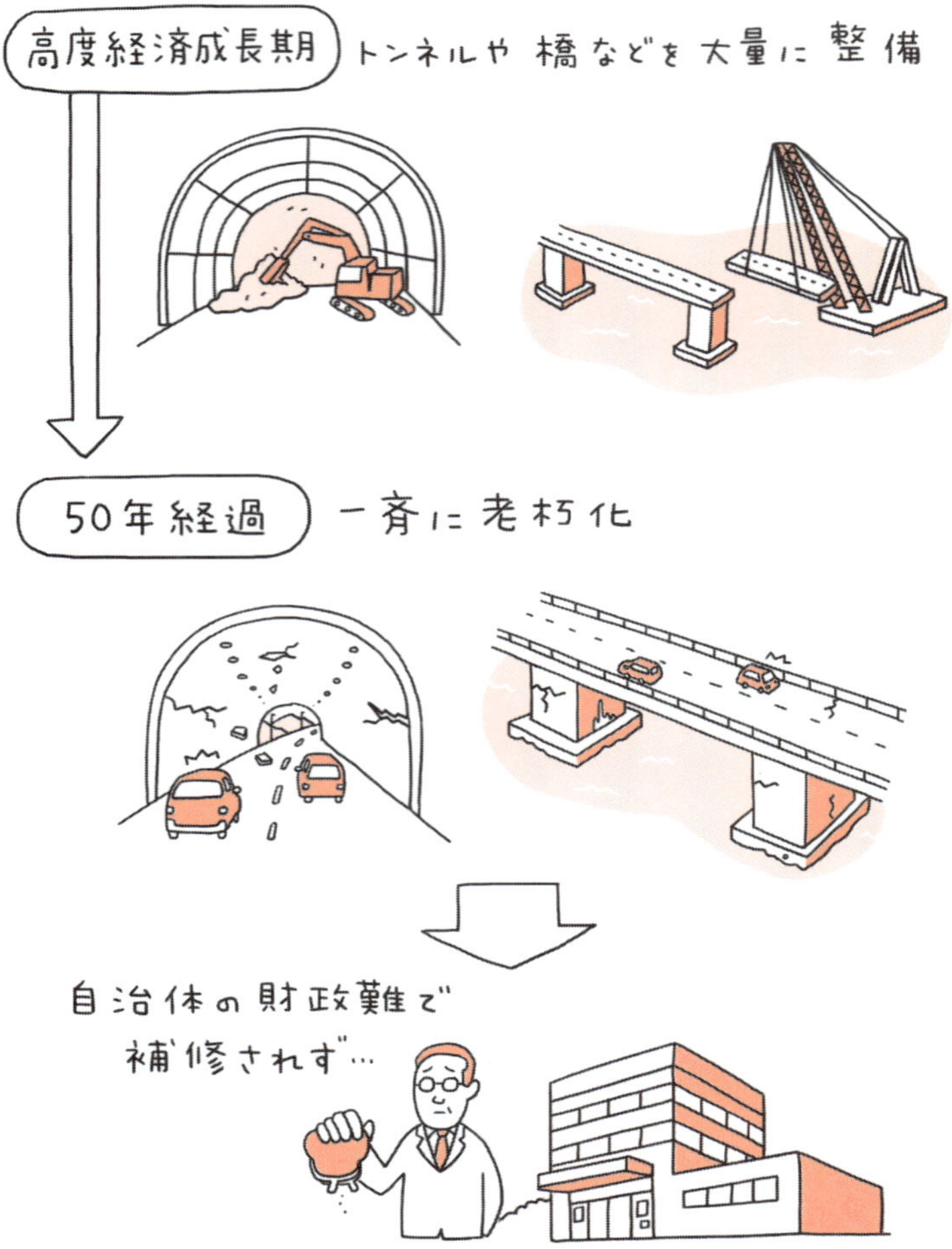

や市町村が管理するものがあります。公共事業をしようと思うと、通常3分の1～半分は自治体が負担しなくてはいけません。しかし、自治体の財政難は国以上に深刻。人口がどんどん減り、税収が期待できないとなると、とても補修までは手が回らない。中には老朽化の調査をする費用すらない自治体もあるほどです。

また工事を請ける企業側も、新しく造る場合はこんな最新技術を使いました、などとアピールができますが、補修作業は地味な仕事。これまでは後回しになりがちだったのです。

しかし、そうも言ってはいられません。地震や水害など大規模な自然災害が頻発する今、老朽化した道路や橋の改修・整備は待ったなしの状況です。

国の予算は限られています。その中で、私たちの税金をこれからどのように配分して使うべきなのか、しっかり考える必要があるのです。

発展編

さらに詳しく知っておこう！

新しいものが好きな人は多いもの。でも、これからは古いものを丁寧に使っていくことを考えなければならないのですね。

子どもと一緒に
考えよう！

大学に行くのに奨学金を借りると、そのあとがたいへんというのはどうして？

池上さんだったら
こう答える！

社会人になってからの返済が長く続くため、生活苦に陥って返せなくなる人が増えているのです

日本はデフレなのに、教育費だけはどんどん高くなっていきますね。

先進国の加盟が多いOECDの発表によると、日本は世界的に見ても国公立大学の学費が高く、国の教育費負担の割合は、OECD（現在）36カ国の中で最低です。

基本的にヨーロッパの国々（イギリスを除く）は、幼稚園から大学まで学費は無料です。ドイツやフランスでは国立大学は入学金も授業料も無料ですし、デンマークに至っては、学費無料のうえ18歳以上の学生全員に日本円にして月7万円程度の生活費が支給されます。大学生になればみんな家を出て学生寮に入ったり、アパートを借りたりして暮らします。生活費がかかるわけですが、アルバイトをすると勉強に専念できないため、アルバイト代の代わりに国が7万円を支給してくれるのです。

こうして目に見える形で国から援助してもらう大学生は、必ず選挙に行きますし(デンマークの投票率はコンスタントに85％くらい)、社会人になればよき納税者になってくれます。国としては、「教育に投資したお金はいずれ国に返ってくる」という考え方なのです。ちなみにデンマークの消費税は25％。軽減税率はありません。高負担・高福祉の典型例ですね。

一方、アメリカは全く違います。アメリカの場合は、高等教育を受けていい企業に入った人はいい給料をもらえる。高等教育は個人の利益になるのに、なぜみんなの税金で負担しなければいけないんだという考え方です。したがって、大学の学費は、私立だと年間300万円から500万円もかかります。日本も、教育に関しての考え方はこのアメリカ型なのです。

返済の必要がない給付型奨学金が新設された

アメリカでは、大学生の多くは自分で学費ローンを組みます。卒業したらいきなり一千万円単位の借金を背負うことになるため、学費ローン破産が深刻な社会問題になっています。

日本でも教育費を家庭で負担するのが無理となると、奨学金を借りることになりま

給付型奨学金で学生を支援

卒業時に借りている奨学金は平均300万円

↓

十分な収入を得られる職に就けず、返済が厳しく

↓

2017年から返済不要の給付型奨学金を新設

日本学生支援機構（JASSO）の奨学金の種類

貸与型	第一種	無利息
	第二種	利息がつく
	入学時特別増額	入学した月の奨学金の月額に一時金として増額して貸与する利息付奨学金
給付型	2017年に新設された返済不要の奨学金	

す。今では大学生の2人に1人が利用しているとか。卒業時に借りている金額は平均で300万円。これを社会人になってから毎月1万5000円ずつ15年から20年かけて返していったりするのです。

ところが、返済できない人の数がこの10年間で増加しています。大学を出ても、十分な収入を得られる職に就けないケースが多いのでしょう。

多くの学生が利用している日本学生支援機構（JASSO）の奨学金は、かつては返済が必要な貸与型しかありませんでした。しかし、奨学金返済に苦しむ若者の問題が大きく取り上げられるようになり、2017年からは返済しなくてもいい給付型が新設され、さらに貸与でも無利息でいい奨学金を利用できる人の範囲を広げました。返済にも、いわゆる「出世払い方式」を取り入れています。

若者を大事にしない国に、未来はありません。

発展編

さらに詳しく知っておこう！

本来、奨学金とは返済の必要がないもののことをいうのが国際的な常識。返さなければいけないものは学費ローンなのです。

子どもと一緒に考えよう！

少年法はもっと厳しく変えるべき？変えなくてもいい？

池上さんだったらこう答える！

犯罪予防のためならあまり意味がありません。凶悪犯罪の件数は決して増えていないから

2015年、神奈川県川崎市の河川敷で、中学生の男子生徒が18歳と17歳の少年たちに暴行を受けて殺害されるという痛ましい事件がありました。

こうした少年事件が発生するたびに問題になるのが、少年法のあり方です。

当時の自民党政調会長だった稲田朋美氏は、「少年事件が非常に凶悪化しており、少年法が今のあり方でいいのかは、これから課題になる」と、少年法改正について言及しました。

しかし、これは何を根拠に言ったのでしょうか。実際には、少年犯罪は増えてもいないし、凶悪化もしていません。「犯罪白書」によれば、少年による刑法犯の検挙人数は2004年以降減少し続けており、16年は4万103人（前年比17・6％減）です。ただ、未成年者の人口が減っているので、比率で言えばこのところは横ばいです。

私がNHKの記者時代、殺人事件は今よりはるかに多かったのですが、当時はテレビでニュースを伝える時間が少なかったため、地方で起きた殺人事件はそれぞれのローカルニュースで放送されるのみ。全国ニュースになることなどなかったのです。「凶悪事件が増えている」という印象がひとり歩きしているのです。

「事件が凶悪化しているから、犯罪を予防する観点から少年法を厳しくしよう」というのは、そもそも前提が間違っています。

18歳、19歳の年長者は場合によっては極刑も

少年法の目的は、少年の「保護」と「更生」にあります。

少年はまだ成長過程にあるので、守ってあげようというものです。よく、少年には「可塑（かそ）性がある」という言い方をします。やわらかく、いろんな形にできるというのが「可塑性」です。

よって事件の大小にかかわらず、少年法61条で少年の実名・顔写真などの報道は禁止されています。ただし、罰則規定はないので報道しても逮捕はされません。

罪を犯した20歳未満の未成年については、成人とは異なる手続きが少年法で定めら

少年法は厳しくすべき？

少年法、刑事責任などの適用年齢

年齢	少年法適用	少年院送致	刑事責任	刑事裁判
0～11歳	○	△	×	×
12・13歳	○	○	×	×
14・15歳	○	○	○	△
16・17歳	○	○	○	△
18・19歳	○	○	○	△

家庭裁判所は禁錮以上の罪につき「刑事処分が相当」と判断した少年を検察庁に送致（逆送）することができる

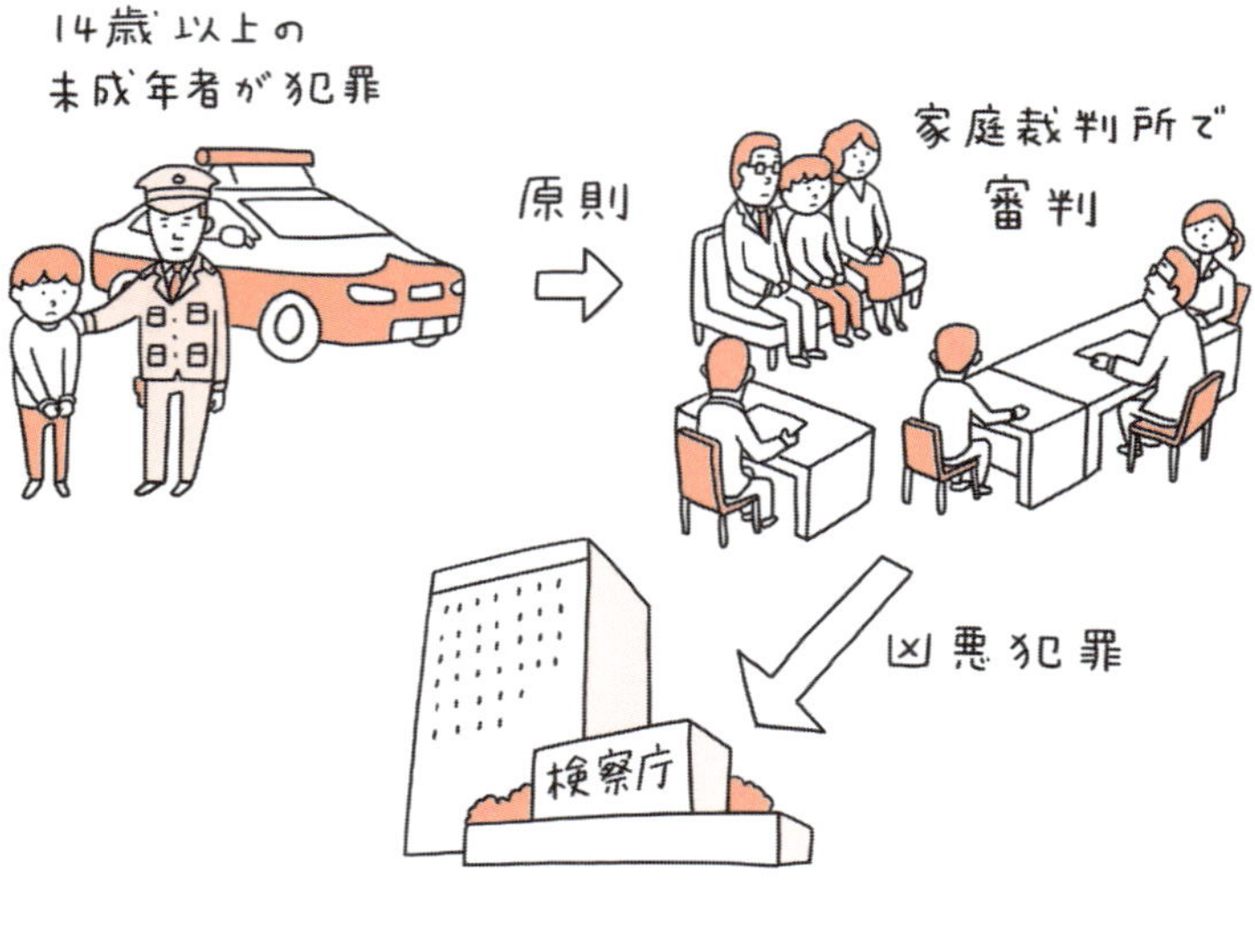

れています。

14歳以上の未成年者が罪を犯した場合、原則、家庭裁判所で審判を受けることになりますが、これが「凶悪事件だ」ということになると、「逆送」と言い、検察庁に送られます。大人と同じように公開の法廷で裁かれるのです。未成年の中でも18歳と19歳の年長者になると、死刑になることもあります。

これまで、少年法は事件が大きく報道されるたびに「厳しくしよう、厳しくしよう」と厳罰化されてきました。

ただ、「ニュース」になるのは、珍しいから。めったに起こらないことが起こった、とも言えるのです。

発展編

さらに詳しく知っておこう！

法律を新しく作ったり、訂正したりするときには、事実に基づいた議論が必要です。まして政治家には正確な認識が求められます。

子どもと一緒に考えよう！

どうして日本のスポーツでは体罰が当たり前だったの？

池上さんだったらこう答える！

閉鎖的な環境の中、厳しくするほど力がつくという根拠のない思い込みがずっと受け継がれてきたせい

東京オリンピック・パラリンピックの開催を目前にした今、アマチュアスポーツの世界でさまざまな問題が噴出しています。指導者による行き過ぎたパワハラもしばしば報道されていましたね。

さらに、たびたび問題になってきたのが、体罰です。

そもそも、スポーツに体罰は必要なのか。「絶対に許せない」という意見もあれば、「愛のムチだ」という意見もあります。炎天下での練習中、どんなにのどが渇いても水は飲んではいけない、という風潮もかつてはありました。水を我慢すれば勝負に勝てるという根拠は、もちろんないのですが。

体罰は、1947年制定の学校教育法で禁じられています。法律で禁止されても、ことスポーツ界では、体罰が容認されてきたのですね。

戦前は教師が生徒を殴る蹴るは当たり前でした。「根性を入れてやる」とバットで尻をたたくことなど日常茶飯事でした。戦後になっても、私が中学生のときには、体育の授業ではちょっとでもふざけている生徒がいると、「手を後ろに回せ、足を開け、歯を食いしばれ」と言ってたたかれました。

スポーツの監督やコーチのことばには絶対服従でした。ですから、殴られても不満は言えません。

殴られると「コンチクショー」と思う、その「悔しさが人を強くする」と体育会系の人はそう思い込み、またそれを下に伝えていくという連鎖が断ち切れなかったのだと思います。

海外のスポーツ選手には通用しない根性論

しかし、体罰でスポーツがうまくなるとは思えません。

欧米のスポーツ界で、体罰の話など聞きませんね。南米のサッカー選手の話が印象的でした。「南米では監督が選手をたたいたら乱闘になる。選手にもプライドがあるし、必ず殴り返すから」。

スポーツに体罰は必要ない

1947年制定の
学校教育法で
体罰は禁止
悔しさが人を強くする
と現場では体罰を容認
現在は
体罰がなくても
スポーツは
強くなる

体罰とは？

文部科学省「体罰等に関する参考事例」より

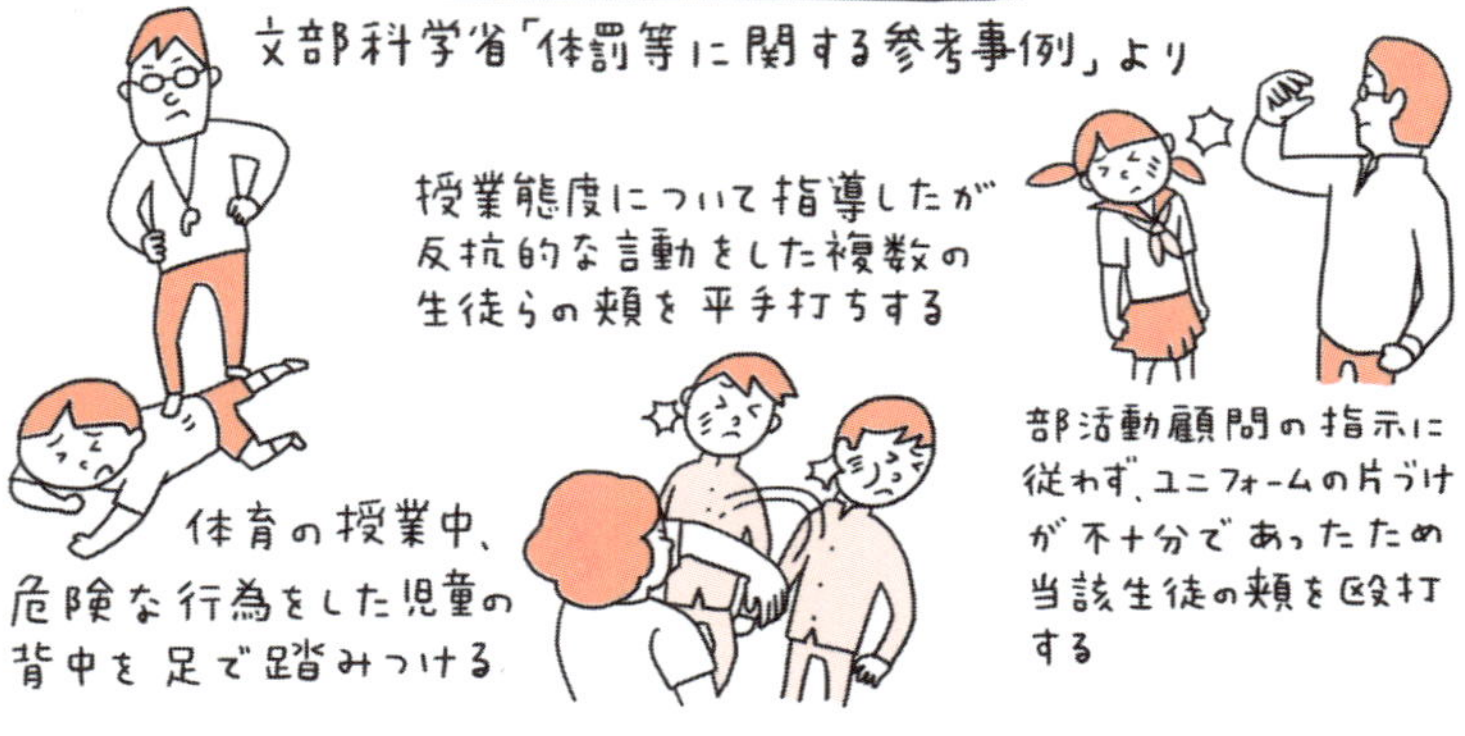

授業態度について指導したが反抗的な言動をした複数の生徒らの頬を平手打ちする

体育の授業中、危険な行為をした児童の背中を足で踏みつける

部活動顧問の指示に従わず、ユニフォームの片づけが不十分であったため当該生徒の頬を殴打する

日本でも、野球選手がメジャーリーグへ行くようになったり、サッカー選手がヨーロッパのチームへ入るようになり、徐々に意識が変わってきました。

柔道は日本のお家芸でしたが、国際化したことで海外でも強い選手が出てきました。しかし彼らは別に体罰など受けていない。となれば、やはり「体罰はおかしい」という話になるわけです。教師が生徒に手を上げてしまうのも、ことばできちんと指導ができないからではないでしょうか。

学校教育法第11条は体罰を禁止しています。ここで言う「体罰」について、文部科学省は参考事例を具体的に示しています。例えば「給食を食べ終わるまで教室に留め置く」「廊下に立たせる」「バケツに水を入れて持たせる」などです。

専門性の高いスポーツは、閉じられた世界になりがちです。世間で見るとおかしいような内輪の論理や根性論がまかり通ってしまうもの。オリンピック開催国としては、時代遅れの指導者ファーストの組織ではなく、選手ファーストの練習環境へと早く切り替えてほしいものです。

発展編

さらに詳しく知っておこう！

このところニュースになることが多いスポーツ界のパワハラ。件数が増えているのではなく、「おかしい」と声をあげる人が増えてきたのです。

子どもと一緒に
考えよう！

教育委員会って何をするところ？

池上さんだったら
こう答える！

学校を指導する立場にはありますが必ずしも教育のプロ集団ではないのです

いじめを苦にした子どもの自殺。痛ましいことですが、こうした事件はたびたび繰り返されています。このとき、責任を問われるのは、まず学校です。自殺の原因になったいじめが果たしてあったのか、学校による調査が行われ、その結果を教育委員会に報告します。しかし、この教育委員会が真相究明のために機能しているのか、学校をかばっているのでは、と感じることも多いのではないでしょうか。

そもそも教育委員会って、何をするところなのか知らない人が多いですよね。

教育委員会とは、簡単に言えば、「地方自治体の公立学校を管轄する部門」です。

戦後、1948年にアメリカの制度を取り入れてできたのですが、このときとは全く性格が違うものになってしまいました。

アメリカの教育委員会は、「自分たちの子どもは自分たちの代表が管理する」という理念の下、住民が選挙で教育委員を選びます。住民から徴収した教育税で教員を雇い、教育委員がその地元の学校での教育内容を決めるのです。

すると、経済力のある層が住む豊かな自治体は先生の給料も高く、いい教育が受けられますが、貧しい自治体は校舎もボロボロで先生の給料も安いといった格差が生まれます。また、キリスト教原理主義の人たちが委員会を牛耳ると「進化論を教えるな！」と言ったりするので、それはそれで問題がないとは言えないのですが。

日本もアメリカにならい、当初は選挙で教育委員を決めていました。ところが、自民党が選挙で共産党系の教育委員が当選することを嫌い、「教育は政治から中立でなければならない」として、1956年、首長（知事や市長）が委員（原則5人）を任命する仕組みに変えてしまったのです。

いじめ自殺の責任を負うのは、結局どこなのか

そうなると結局、高齢の地元の名士が教育委員長に選ばれたりして、必ずしも教育熱心な人がなっているとは限りません。

さらにややこしいのですが、教育委員会は都道府県と市町村それぞれにあります。

教育委員会と教師の関係

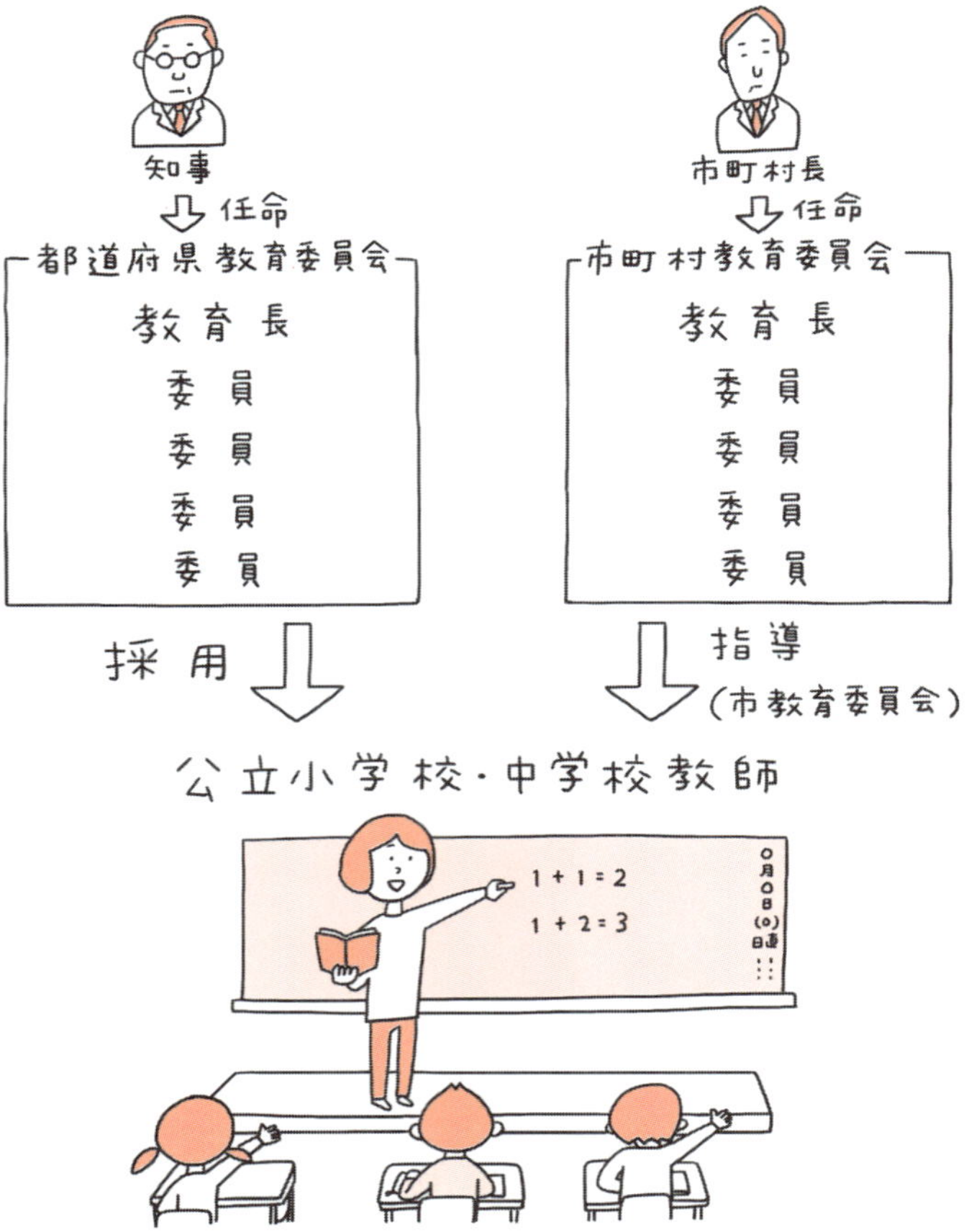

公立小学校・中学校の教師は
都道府県教育委員会に採用され、
市教育委員会の指導を受ける

公立小学校・中学校の先生を採用するのは都道府県の教育委員会です。教員の人事権は、政令指定都市を除き都道府県の教育委員会にあります。しかし県で採用されて市内の小・中学校に配属されると、今度は市の教育委員会の指導を受ける立場になります。教師としては、どうせそのうちほかの市へ異動になるのだから、教育委員会もそんなに怖くないわけですね。

つまり、いじめが起きたかどうかの責任は学校の校長にあり、校長の監督責任は教育委員会にあり、その教育委員を任命した責任は首長にある。

結局、今の日本の教育はどこが責任を持って運営しているのか、さっぱりわからない状況にあるのです。しわ寄せを受けるのは子どもたちなのです。

発展編

さらに詳しく知っておこう！

教育委員が任命制になった結果、地元の教育委員が誰か、多くの人が関心を失いました。これでは教育委員にも緊張感が失われます。

子どもと一緒に考えよう！

日本の元号はどんな基準で決まるの？

池上さんだったらこう答える！

原則は天皇が亡くなるまでは1つの元号ですがご高齢により天皇の退位が行われ、新元号へ

2019年4月30日で「平成」が終わることになりました。この日、今上天皇が退位され、翌日からは新天皇の即位とともに新しい元号がスタートします。

「1人の天皇在位時の元号は1つ」と決められたのは明治からです。明治の前の慶応までは、1人の天皇が何度も元号を変えることができました。大きな災害があったりすると、「縁起が悪いから」と言って改元が行われていたのです。

明治時代になって皇室制度が整えられたとき、天皇は一生務める「終身制」となりました。そのため天皇陛下は84歳とご高齢になった現在も、憲法に規定された国事行為をはじめ、数多くのご公務を続けておられます。しかし2016年の8月8日、天皇陛下が「退位」のご意向を国民に向けたビデオメッセージで明かされました。「体の衰えを考えるとき、全身全霊で『象徴』の務めを果たしていくことが難しくなるのではないか」と、切実なお気持ちをにじませたのです。

しかし、皇位継承に関する法律を定めた「皇室典範」には生前退位についての決まりがないため、政府は一代限りの退位特例法を成立させました。天皇が退位されるのは、1917年に光格天皇が生前退位されて以来の約200年ぶりの出来事になります。新しい元号についての発表は、できるだけ改元の時期に近いほうが望ましいとの考えもあり、直前になりそうです。

行政書類などは西暦でなく元号表示が原則

元号の選定条件は6つあります。①国民の理想としてふさわしいような、よい意味を持つものであること。②漢字2文字であること。③書きやすいこと。④読みやすいこと。⑤これまでに元号として用いられたものでないこと。⑥俗用されているものでないこと。

これまで日本で使われた元号は247あります。さらに、そもそも元号という文化は、中国から渡ってきたもの。中国で使われていた元号とも重ならないようにしなければなりません。

1800年以降の日本の元号

寛政	(かんせい)	1789年2月19日～1801年3月19日
享和	(きょうわ)	1801年3月19日～1804年3月22日
文化	(ぶんか)	1804年3月22日～1818年5月26日
文政	(ぶんせい)	1818年5月26日～1831年1月23日
天保	(てんぽう)	1831年1月23日～1845年1月9日
弘化	(こうか)	1845年1月9日～1848年4月1日
嘉永	(かえい)	1848年4月1日～1855年1月15日
安政	(あんせい)	1855年1月15日～1860年4月8日
万延	(まんえん)	1860年4月8日～1861年3月29日
文久	(ぶんきゅう)	1861年3月29日～1864年3月27日
元治	(げんじ)	1864年3月27日～1865年5月1日
慶応	(けいおう)	1865年5月1日～1868年10月23日
明治	(めいじ)	1868年10月23日～1912年7月30日
大正	(たいしょう)	1912年7月30日～1926年12月25日
昭和	(しょうわ)	1926年12月25日～1989年1月7日
平成	(へいせい)	1989年1月8日～2019年4月30日(予定)

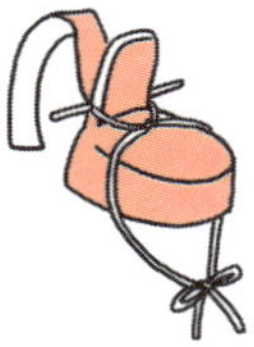

役所などの行政文書は、西暦ではなく元号で表記することになっています。元号を略すときに、明治＝「M」、大正＝「T」、昭和＝「S」、平成＝「H」で表わしますから、この4つのアルファベットで始まる元号は避けることになります。

ちなみに、大正のあとの元号が「昭和」と決まったとき、多くの人が読めなかったそうです。昭の下に点が4つある「照」の字はなじみがあったのですが、それ以前には「昭」の字を使った名前もありませんでした。

「平成」のスタートには、バブル崩壊、阪神・淡路大震災、オウム真理教による地下鉄サリン事件と、その後の日本に深い傷跡を残す事件や災害が起きました。

新元号が、新しい日本の道しるべとなるものであることを期待しましょう。

発展編

さらに詳しく知っておこう！

役所の行政文書は元号表記ですが、新元号の発表がギリギリになるため、コンピューターのソフトの切り替えが間に合わないとして、西暦を使用する動きが出ています。

第2章

世界の中の日本が見えるニュース

子どもと一緒に考えよう！

パンダはなぜ中国へ返すの？

池上さんだったらこう答える！

絶滅危惧種の生き物はもらえない決まり。レンタルしか認められないからです

上野動物園で生まれたジャイアントパンダの赤ちゃん・シャンシャン（香香・メス）が、その愛くるしい見た目で人気を集めています。

上野動物園で生まれたパンダはこれで5頭目。パンダの繁殖期は一般的に年1回のみで、飼育中のパンダの繁殖は極めて難しいと言われてきました。しかし最近は、繁殖技術が向上して和歌山のアドベンチャーワールドではこれまで15頭もの繁殖に成功しています。中国国外の飼育施設では、世界一の繁殖成績だそうです。

ただせっかく日本で生まれ育っても、パンダは中国へ返さなければなりません。パンダは、あくまで中国からレンタルしているだけだからです。

1984年、ワシントン条約でジャイアントパンダが絶滅危惧種の最高ランクに指定されました（その後、2016年に「危急種」に引き下げ）。希少動物は何とか保護して増やさなければならない。そこで中国は、パンダを「プレゼント」から「長期レンタル」へと切り替えました。「繁殖の学術研究の目的でレンタルしますので、増やすことに成功したら返してください」というわけです。こうして生まれたパンダは繁殖可能な年齢（2歳～4歳）になると返還される決まりのため、シャンシャンも早ければ2019年6月には中国へ戻ってしまうかもしれません。

ちなみにパンダのレンタル料は、つがいで年間100万ドル（約1・1億円）。優秀な出稼ぎ労働動物と言えますね。

最初のパンダは国交正常化を記念してプレゼントされたもの

パンダが初来日したのは、1972年のこと。当時はワシントン条約がありませんでしたから、「カンカン（康康）」と「ランラン（蘭蘭）」は「日中友好の証し」としてプレゼントされました。中国に返還する義務もレンタル料を払う必要もありませんでした。これに対し、84年以降に海外に渡ったパンダは中国のもの。たとえ借り出した動物園が繁殖に成功しても、産まれたパンダの所有権も中国側に属することになっています。

来日したパンダたち

1972年10月28日
カンカン・ランラン（東京・上野動物園）

1980年1月29日
ホアンホアン（東京・上野動物園）

1982年11月9日
フェイフェイ（東京・上野動物園）

1988年9月19日
シンシン・ケイケイ（和歌山・アドベンチャーワールド）

1992年11月5日
リンリン（東京・上野動物園）

1994年9月6日
エイメイ・ヨウヒン（和歌山・アドベンチャーワールド）

2000年7月7日
メイメイ（和歌山・アドベンチャーワールド）

2000年7月16日
コウコウ（初代）・**タンタン**（兵庫・王子動物園）

2002年12月9日
コウコウ（二代目）（兵庫・王子動物園）

2003年12月3日
シュアンシュアン（東京・上野動物園）

2011年2月21日
リーリー・シンシン（東京・上野動物園）

レンタル方式の登場によって、パンダは新たな政治的役割も果たしています。

ワシントン条約は、あくまでも「国と国との取り引き」を規制したものです。国内での移動については問題ありません。中国はかねてより「台湾は中国の一部だ」と主張していますね。これに対し、台湾の内部には「台湾はあくまで一つの国だ」と主張する人たちがいます。そこで中国が考えたのは、台湾に「パンダを送る」ということでした。「これは国内の移動だから、ワシントン条約は適用されないよね。お金は要らないよ」というわけです。

さすがに台湾は慌てました。台湾は中国からの「パンダ贈呈」について「飼育環境が整っていない」として一度は受け入れを拒否しましたが、結局「パンダを見たい」という世論に押され、受け入れました。

現在パンダは10カ国以上にレンタルされています。パンダはお金を稼ぐだけではなく、中国の外交にも利用されているのです。

発展編
さらに詳しく知っておこう！

パンダはヨーロッパ各国にも貸し出されています。中国の人権問題に厳しい視線を送る国々も、パンダを見るとメロメロになってしまいます。

子どもと一緒に考えよう！

日本にカジノができると言うけど、問題はないのかな？

池上さんだったらこう答える！

ギャンブル依存症対策や治安悪化を心配する声も。法律はできたものの、まだまだ課題は山積みです

日本にカジノができることになりました。カジノ法こと「カジノを含む統合型リゾート（IR）実施法」が、2018年に成立したのです。西日本豪雨災害のさなかに開かれた国会で、国土交通大臣はカジノ法案の審議のほうに張りつくことになりました。どうしても成立させたい法案だったのでしょうね。

安倍総理はカジノを含む特定複合観光施設を、日本の成長戦略の目玉と考えているようです。海外からの観光客を増やし、外貨を獲得するのが狙いです。政府は2030年までに訪日外国人3000万人を目標としており、できれば2020年の東京オリンピック・パラリンピックに間に合わせたかったのでしょう。

カジノ構想は、これまで何度も議論されてきました。石原元都知事の時代にも「お台場カジノ構想」なんてものがありましたね。でも、カジノと言うとどうしてもイメージが悪い。そこで、ＩＲ（統合型リゾート）＝宿泊施設、会議施設、飲食施設、そしてカジノやその他のエンターテインメント施設等を含む複合的な観光施設、と言い換えたわけです。

最近カジノを解禁して成功している国と言えば、シンガポール。シンガポールでは、2005年にカジノ合法化が閣議決定され、2011年に2つの統合リゾートが開業しました。

その一つ、世界一高い「天空プール」が話題の「マリーナベイ・サンズ」は日本人にも大人気ですね。米朝首脳会議の前夜、金正恩委員長がそこに夜景を見に行ったとの報道も流れた豪華ホテルです。今回の日本のＩＲは、このサンズをイメージしたと言ってもいいでしょう。

日本のカジノのお手本は、あの人のお友達の…

「マリーナベイ・サンズ」を経営する「ラスベガス・サンズ」会長は、シェルドン・アデルソン氏。彼は、アメリカ・トランプ大統領の熱心な支持者としても知られています。2016年の大統領選では40億円近い資金援助をしています。トランプ大統領

日本にカジノを造っても大丈夫？

「カジノを含む
統合型リゾート(IR)実施法」のポイント

設置数：上限3カ所

日本人に対する規制

入場回数制限：7日間で3回、および28日間で10回

本人・入場回数確認手段：マイナンバーカード

入場料：6,000円

依存症対策　①現金のみ使用可
（クレジットカードの使用は不可）
②本人および家族からの申告による
利用制限措置を業者に義務づけ

⇩

依存症、周辺の治安悪化、集客など
課題が山積み

にとっては大事なお友達です。

そのアデルソン氏は、かねてから日本でのカジノ経営に興味を示していたとか。北朝鮮問題でアメリカ頼みの安倍総理は、これでトランプ大統領に点数稼ぎができたなんて声も……。

法案は成立しましたが、課題は山積みです。

ギャンブル依存症対策として、入場料を6000円とし、入場回数は週3回、月10回までという制限も盛り込まれましたが、それだけでは十分とは言えません。

周辺の治安悪化を心配する声や、本当に観光客が集まるのかという疑問の声も。

カジノと言えばバカラなどのトランプゲームもありますね。安倍総理はやっぱりトランプ頼みなのでしょうか。

発展編

さらに詳しく知っておこう！

日米首脳会議でトランプ大統領がアデルソン氏のカジノの進出を認めるように安倍総理に迫ったとアメリカのメディアが伝えました。安倍総理はこの報道を否定していますが。

子どもと一緒に考えよう！

日本にもたくさんある世界遺産は、どういうものが選ばれる？

池上さんだったらこう答える！

世界遺産とは人類共通の財産として認められたもので「自然遺産」「文化遺産」「複合遺産」の3種類があります

２０１８年、日本で22件目となる世界遺産が誕生しました。「長崎と天草地方の潜伏キリシタン関連遺産」です。潜伏キリシタンとは、いわゆる隠れキリシタンのこと。認定された理由は、「16世紀に日本へキリスト教が伝来した後、江戸幕府による禁教政策の中で『潜伏キリシタン』が信仰を継続し、長崎と天草地方の各地において厳しい生活条件の下に既存の社会・宗教と共生しつつ、独特の文化を育んだことを物語る貴重な証拠」であるとされたためです。

ところで、世界遺産には3種類あるって知っていましたか？

貴重な自然が残っていると認められた「自然遺産」、歴史的な建物や遺跡と認められた「文化遺産」、自然と文化の両方の価値があると認められた「複合遺産」。今回は「文化遺産」としての登録です。ちなみに日本で「自然遺産」に登録されているのは、知床、白神山地、屋久島、小笠原諸島の4カ所。あとの18件はすべて「文化遺産」になっています。

あれ？　富士山は世界遺産じゃなかったっけ？と思いませんか？　そのとおり、2013年に富士山は登録されています。ですが、自然遺産ではないのです。

もともとは「自然遺産」としての登録を目指していたのですが、ゴミの不法投棄などが問題になり、環境保全の観点から認められませんでした。そこで作戦を変え、「文化遺産」で再チャレンジしたというわけです。

なぜ富士山が「文化」遺産かと言えば、富士山を描いた浮世絵がヨーロッパの印象派画家にも影響を与え、その影響力は国家の象徴をはるかに超えているという評価、さらには「神が宿る山」として信仰の対象になっているなどの理由からです。

世界中で協力して守るべき遺産、なのだけど

世界遺産とは人類共通の財産として定められたもので、どれを登録するか決めるのは「ユネスコ（国連教育科学文化機関）」の仕事。ユネスコはパリに本部を置く国連の機関で、「将来に残すため、世界中の人が協力して守ろう」という場所や建物を選

世界遺産の種類

文化遺産　顕著な普遍的価値を有する記念物・建造物群・文化的景観など

（例）

タージ・マハル（インド）

ケルン大聖堂（ドイツ）

自然遺産　顕著な普遍的価値を有する地形や地質、生態系、絶滅のおそれのある動植物の生息・生育地など

（例）

キリマンジャロ国立公園（タンザニア）

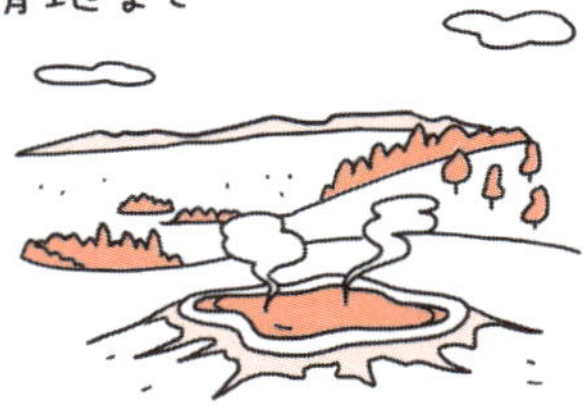

イエローストーン国立公園（アメリカ）

複合遺産　文化遺産と自然遺産の両方を兼ね備えているもの

（例）

メテオラ（ギリシャ）

ティカル国立公園（グアテマラ）

んでいます。世界遺産に登録されれば、世界中から観光客が増えるでしょう。町おこしの起爆剤にはなります。その一方で、守るための維持管理はたいへんになります。

これまでに世界遺産の登録を取り消された所もあります。ドイツの「ドレスデン・エルベ渓谷」がその一つ。市内の渋滞を減らそうとした住民投票の結果、渓谷の川に橋を架けたところ、登録を抹消されてしまったのです。

「ユネスコ憲章」の前文にはこうあります。「戦争は人の心の中で生まれるものであるから、人の心の中に平和のとりでを築かなければならない」。

ところが、世界遺産認定のためにタイとカンボジアは戦争になりました。タイとカンボジアの国境を成す山の頂上にあるヒンズー教の寺院「プレアビヒア寺院」をカンボジアが登録申請したところ、認められたのですが、タイが反発。ここはタイのものだというわけです。国境を警備していたタイ、カンボジア両軍の銃撃戦となりました。平和の象徴なのに、皮肉なことです。

発展編

さらに詳しく知っておこう！

広島の原爆ドームやポーランドのアウシュビッツ収容所などは「負の文化遺産」です。人間の愚かさを示す遺産もあるのです。

子どもと一緒に考えよう！

核兵器を持つのは国の自由？ 核実験も自由にしていいの？

池上さんだったらこう答える！

核兵器を制限するルールに加盟していなければ、事実上は自由にしていいことになります

2017年のノーベル平和賞に選ばれた、ICAN＝「核兵器廃絶国際キャンペーン」。これは核兵器廃絶を目指す国際NGO（非政府組織）です。彼らの活動の結果、原子爆弾や水素爆弾などの核兵器の開発・使用を違法として禁止する「核兵器禁止条約」が国連で採択されたのです。

しかし、唯一の被爆国である日本はこの条約に参加していません。核を保有する5カ国のほか、事実上の核保有国であるインド、パキスタン、イスラエル、北朝鮮も参加していません。北朝鮮は、「太平洋で水爆実験を行う可能性がある」などとも言っていました。そもそも核兵器は、持つことも、核実験をするのも自由なのでしょうか?

まず核実験に関する歴史を振り返ると、1945年、世界で最初に核実験をしたのはアメリカです。その後、旧ソ連、イギリス、フランス、中国も核兵器開発に成功します。植民地や自国の辺境地帯で核実験を繰り返したのです。

そんな中、南太平洋のビキニ環礁でアメリカが行った水爆実験により、日本の漁船・第五福竜丸が「死の灰」を浴びて乗組員が被曝、犠牲者を出すという事件が起きました。それをきっかけに核実験反対の声が世界に広がったのです。

1963年には「部分的核実験禁止条約(PTBT)」が締結されて「大気圏内での実験はやめよう」ということになり、その後は地下で核実験を行うようになりました。1996年には、国連総会の場で地下核実験もやめようという「包括的核実験禁止条約(CTBT)」が成立しましたが、アメリカをはじめ批准していない国が8カ国あり、足踏みが続いています。

核を持ちたい国は国際条約に参加せず、の皮肉

核兵器の保有については「核拡散防止条約(NPT)」というルールがあります。これは当時核兵器を持っていた5カ国以外は核を持ってはいけないという条約です。ずいぶん勝手な条約ですが、「持っている国は減らしてくださいね」と世界は妥協したのです。日本も調印しました。

核兵器に関する主な条約

核拡散防止条約(NPT) 1970年発効

アメリカ・ロシア・イギリス・フランス・中国以外への
核兵器の拡散を防ぐ

主な不参加国　インド・パキスタン・イスラエル
北朝鮮(2003年に脱退)

核兵器禁止条約 2017年発効

原子爆弾や水素爆弾など核兵器の開発・使用を
禁止。核兵器の廃絶を目指す

主な不参加国　アメリカ・ロシア・イギリス・フランス・
中国・インド・パキスタン・イスラエル・
北朝鮮・日本

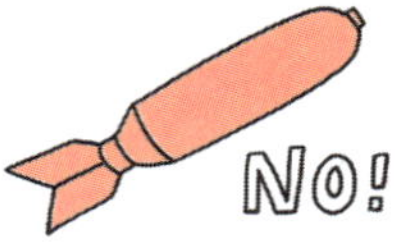

⇩

条約に参加していなければ
条約の内容を強制することはできない

⇩

核兵器の保有、核実験も可能

ところが、「そんなの不公平だ」と条約に参加しなかったのがインド、パキスタン、イスラエル。ひそかに核開発を続けていた北朝鮮は2003年に脱退しました。

北朝鮮の核・ミサイル開発は、日本にとっても大きな脅威です。2017年には毎月のようにミサイルの発射実験を行いました。日本上空を通過する中距離弾道ミサイルの発射が相次ぎ、「Jアラート（全国瞬時警報システム）」の緊急メールが一斉に鳴り響く事態になりました。さらに、北朝鮮は水爆実験の成功も発表しています。

いくら国際社会が非難しても、北朝鮮に核実験をやめさせることはできませんでした。なぜなら、条約に参加している国は約束を守らなければいけませんが、参加していない国にルールを守らせる強制力はないからです。

2018年の米朝首脳会議を受けて、北朝鮮は非核化に向けて本当に動きだしたのか。厳重な監視が必要です。

発展編

さらに詳しく知っておこう！

2018年10月になって、アメリカのトランプ大統領はロシアと結んでいた「中距離核戦力全廃条約」（INF）から離脱すると発表しました。核開発を進めるというのです。「核なき世界」はまた遠のきました。

子どもと一緒に考えよう！

オリンピックは政治とは関係なくできるもの？

池上さんだったらこう答える！

世界中の注目が集まるイベントは、皮肉にも最も政治利用されやすいのです

いよいよ2020年の東京オリンピック・パラリンピックが間近に迫っています。

2018年に行われた韓国・平昌（ピョンチャン）冬季オリンピックでは、ミサイル発射実験を繰り返す北朝鮮情勢を憂慮して一時はフランスやオーストリアが不参加を検討という報道もありました。

考えてみれば北朝鮮は過去に、韓国で開催されるオリンピックを妨害・阻止しようと爆弾テロを起こしています。1987年の「大韓航空機爆破事件」です。それまでも北朝鮮は韓国に対し、何度も攻撃を企てていました。もしソウルオリンピックが成功すれば、韓国の国際的な地位が上がってしまう、それを何とか阻止したい。そのためには、「韓国は危険な国である」と思わせればいいと考え、当時の金正日総書記が大韓航空機を爆破しろと命令したのです。

この大韓航空機は、バクダッドからアブダビ、バンコク経由でソウルに向かうという航路でした。ところがアブダビを出て間もなく、乗員乗客115人が乗った機体が上空で爆破され、全員が死亡したのです。このときの実行犯は、アブダビで飛行機を降りた男女。日本人のパスポートを持っていた2人は、実は北朝鮮の工作員でした。

男性のほうは歯に仕込んだ毒で自殺しましたが、女性は毒薬のアンプルをかみ砕けなかったために一命を取り留めます。後に、蜂谷真由美を名乗った金賢姫（キム・ヒョンヒ）であることが判明しました。金賢姫は、工作員になるための教育で日本語の先生が日本人であったことを告白。日本政府は、それが北朝鮮によって拉致された田口八重子さんであることを確認するのです。

一方、当時は北朝鮮からソ連に大勢の学生が留学していました。学生たちは、モスクワでオリンピック中継を見て韓国が発展していることを知ります。「韓国はものすごく貧しい。アメリカの植民地だ」と聞かされていたのに、実際は北朝鮮よりはるかに豊かじゃないかと学生たちが驚き、一斉に韓国に亡命しました。それ以来、北朝鮮は留学生を出さなくなりました。

オリンピックと政治に関する事件

1916年　第6回ベルリン大会（ドイツ）
第一次世界大戦のため、開催中止

1944年　第13回ロンドン大会（イギリス）
第二次世界大戦のため、開催中止

1972年　第20回ミュンヘン大会（西ドイツ）
パレスチナゲリラが選手村のイスラエル選手宿舎を襲撃、イスラエル代表チームに11名の死者を出す

1976年　第21回モントリオール大会（カナダ）
南アフリカのアパルトヘイトに対するIOCの姿勢に抗議し、アフリカの22カ国がボイコット

1980年　第22回モスクワ大会（ソ連）
ソ連のアフガニスタン侵攻を理由にアメリカ、日本、西ドイツ、中国、韓国など50カ国近くがボイコット

1984年　第23回ロサンゼルス大会（アメリカ）
前回大会での西側諸国のボイコットを受け、ソ連と東欧諸国などがボイコット

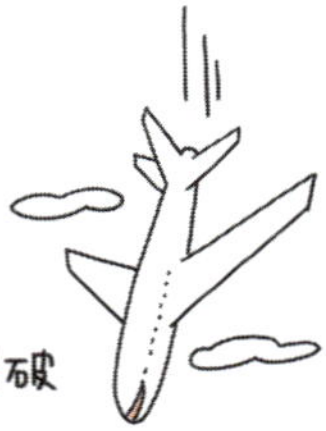

1987年　第24回ソウル大会（韓国）を妨害・阻止しようと北朝鮮の工作員が大韓航空機を爆破

1996年　第26回アトランタ大会（アメリカ）
大会7日目にオリンピック公園で爆破事件が発生、2名が死亡、111名が負傷

近代オリンピックの父

スポーツを通じて平和な世界の実現に寄与する

ピエール・ド・クーベルタン
（1863～1937）

発展編

さらに詳しく知っておこう！

国どうしの思惑で参加できなくなる選手たちも

日本で言えば、1980年のモスクワ大会ほど政治に左右された大会はありません。旧ソ連がアフガニスタンに侵攻したことに抗議し、日本や、アメリカをはじめとする西側諸国がボイコットを宣言。金メダルが確実と言われていた柔道の山下泰裕選手などが、涙で参加を訴えましたがかないませんでした。逆に4年後のロサンゼルス大会は、社会主義国の東側陣営がボイコット。スポーツ界が政治に翻弄されたのです。

政治とスポーツは本来、別物でなくてはなりません。しかし、それは理想にすぎないと言えます。特にオリンピックは期間中、世界が注目するため、テロの標的になりやすいのです。

そもそも、オリンピックが生まれた背景には戦争が絶えなかった歴史があります。4年に一度は休戦しようじゃないかという、平和への誓いから始まったオリンピック。2020年は果たしてどんな夏になるでしょうね。

日本がオリンピックを招致する際、「簡素な大会」をうたい文句にしていたはずですが、費用は積み重なるばかり。結局「オリンピックは金がかかる」ということになりそうです。

子どもと一緒に
考えよう！

この先、ウナギが食べられなくなるかもしれないの？

池上さんだったら
こう答える！

ニホンウナギが絶滅のおそれがあるリストに載ったため。これからは食べるだけでなく、守ることも大事に

ことしの「土用の丑（うし）の日」、あなたはウナギを食べましたか？日本のウナギ消費量は、世界の全体の7割を占めるそうです。最近では、牛丼店にもウナギのメニューがありますね。

ウナギをこよなく愛する日本人。ところが、なんとそのウナギが食べられなくなるかもしれません。2014年に、IUCN（国際自然保護連合）が、ニホンウナギを絶滅のおそれがある「レッドリスト」に加えたというのです。

IUCNは、国家、政府機関や非政府機関で構成される国際的な自然保護ネットワーク。世界中の研究者たちによって、世界各国の動植物種を対象に絶滅の危機の度合いを評価しています。

IUCNによりニホンウナギは絶滅危惧IB類に指定されました。これは「近い将来における野生での絶滅の危険性が高いもの」に該当します。現在、日本で食べているウナギの多くはこのニホンウナギですから、これは一大事です。

私たちが食べているウナギの99％は養殖です。養殖には2種類あり、1つは稚魚から育てる養殖、もう1つが卵から孵《ふ》化させて育てる「完全養殖」です。

ウナギの場合は、稚魚「シラスウナギ」から育てています。うち約6割を台湾や中国から輸入しているのですが、このところ取り過ぎが原因でニホンウナギの稚魚が激減しているのです。

ワシントン条約で規制されると取り引きができなくなる

だからと言って、今すぐ食べられなくなるわけではありません。IUCNレッドリストそのものには法的な強制力がないからです。

しかし、野生動物の国際取り引きを禁止するワシントン条約は、このレッドリストを「最も権威のある絶滅危惧種の評価資料」としています。もしニホンウナギがワシントン条約の規制対象となれば、商業目的の取り引きが禁止され、稚魚が輸入できなくなる可能性が出てくるというわけです。

取るだけでなく保護を考える

取り過ぎでニホンウナギの稚魚が激減

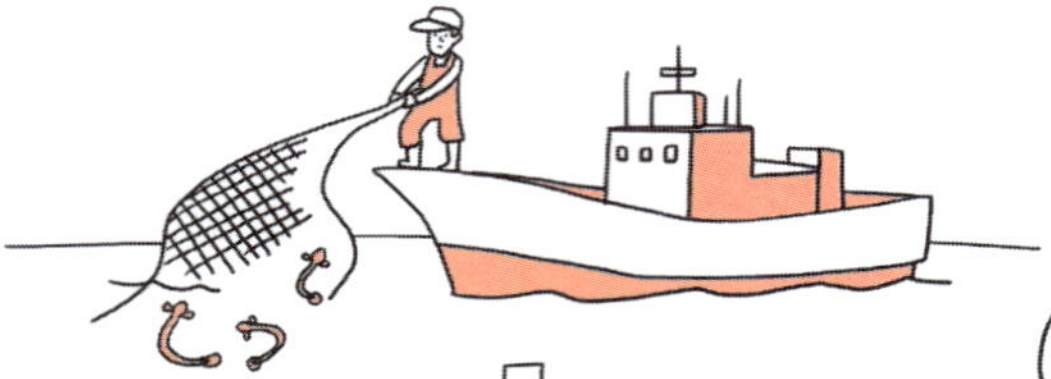

⇩

IUCNが絶滅危惧種に認定

⇩

保護を大切に

世界の絶滅危惧種の数の推移

出典：IUCN「Red List of Threatened Species 1996-2017

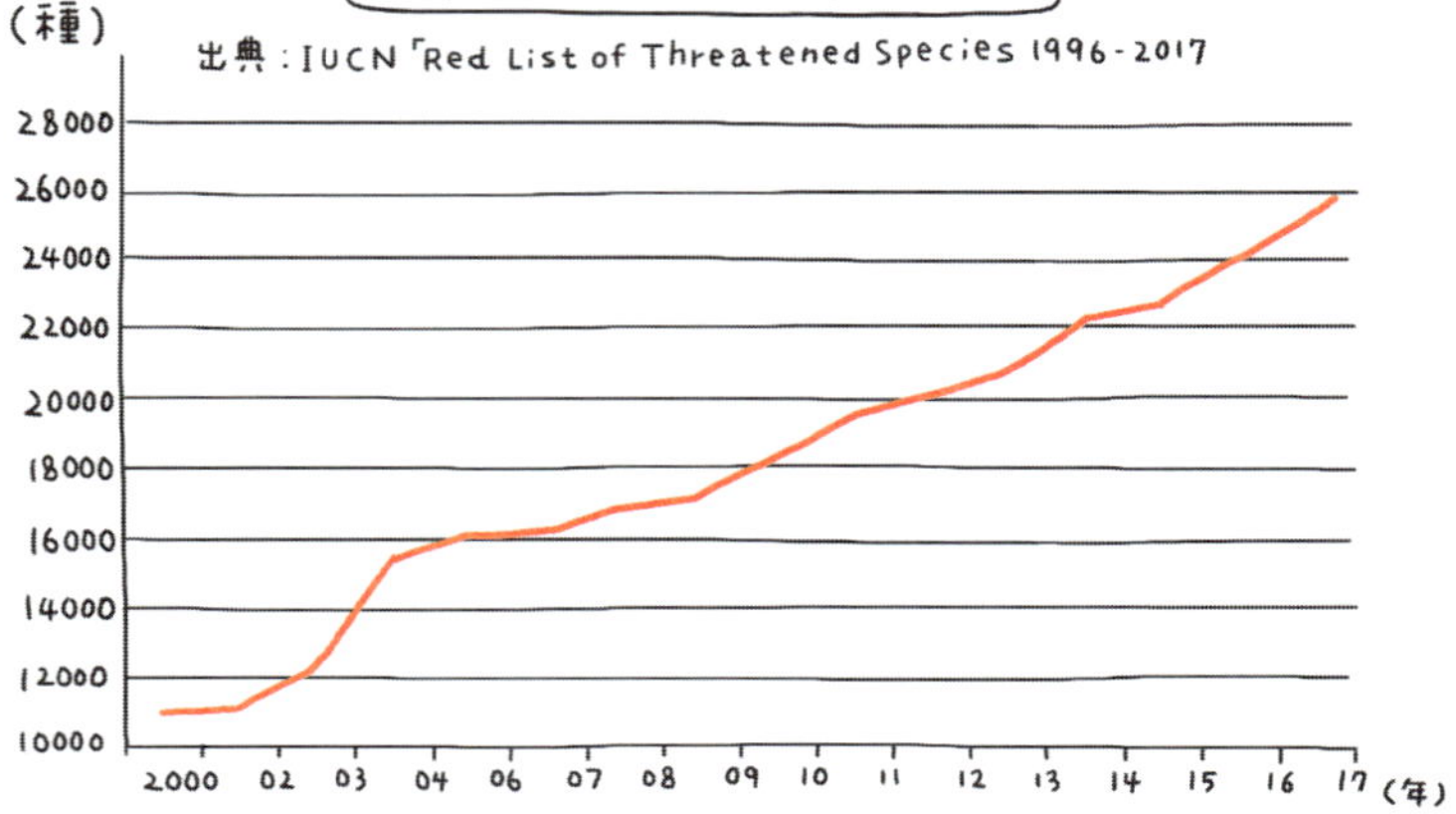

そうなれば、輸入に頼らず日本国内で取れる稚魚を育てるしかないわけですから、単純に計算してもウナギの値段は今の倍以上に。まさに「うなぎ登り」です。

さらには、すしネタに欠かせないクロマグロも「絶滅危惧Ⅱ類」（絶滅の危険が増大している種）としてリストに載っています。マグロもそのほとんどが幼魚のうちに捕獲されるため繁殖ができず、個体数は過去22年の間に19～33％減少したと推定されるとか。その消費地の多くは、日本などアジアの国です。

これまでは、海から与えられる恵みを受け取るだけだった私たち。しかし、本格的に資源の保護に取り組まないと、和食文化に欠かせないウナギやマグロが幻の魚となってしまう日もそう遠くないかもしれません。

発展編

さらに詳しく知っておこう！

ウナギは完全養殖が試みられていますが、費用がとてつもなくかかってしまい、採算ベースにはまだ至りません。

ウナギはそもそも高価な食べ物だったと再認識する必要がありそうです。

子どもと一緒に考えよう！

国のリーダーが変わらないことはいいこと？ よくないこと？

池上さんだったらこう答える！

長期政権のほうが外国からの信用は高くなる半面、権力が集中するため、おごりや癒着を生んでしまうもの

2018年9月20日に自民党総裁選が行われ、安倍晋三総理が勝利しました。もともと総裁の任期は連続2期までと決められていたのが、選挙の前に3期までと見直しました。これで安倍氏は2021年9月まで総理を務めることが可能になり、任期を全うすれば歴代最長政権ということになります。

誤解されやすいのですが、本来、日本の総理大臣には任期はありません。ただし、今の与党第一党である自民党総裁には任期がありますから、任期が過ぎたら党の総裁を辞めると同時に、総理の座も降りるというわけです。

日本以外にも長期政権となる国が増えています。

5月にはロシアでウラジーミル・プーチン氏の大統領就任式が行われました。プーチン氏は今回で4期目となります。任期が終わる2024年まで数えると、首相時代を含め24年間もロシアを率いることになるわけです。ほぼ四半世紀ですね。

対して、アメリカの大統領の任期は1期4年。トランプ大統領は次の2期目を狙っているようですが、次の選挙に勝ったとしても最高で8年までと決まっています。かつてはもっと長く務めた大統領もいましたが、「長期政権はよくないだろう」として、連続2期までと定めたのです。

世界はどこもかしこも独裁者ばかりに?

最高権力者の任期は、国によってずいぶん異なります。もともとロシアの大統領の任期は、1期が4年で連続2期までのはずでした。ロシアの憲法で、「同じ人が3期連続で大統領を続けられない」と決まっていたのです。そこで2000〜2008年まで大統領を2期務めたプーチン氏は、ウルトラCを打ち出します。自分の言うことを聞く大学の後輩のドミトリー・メドベージェフを大統領にして、いったん自分は首相に退く。子飼いのメドベージェフに大統領の任期を1期6年、連続2期までと憲法改正させた後、彼の4年の任期が終わったところで2012年から再び大統領になったのです。

世界の首長の就任日

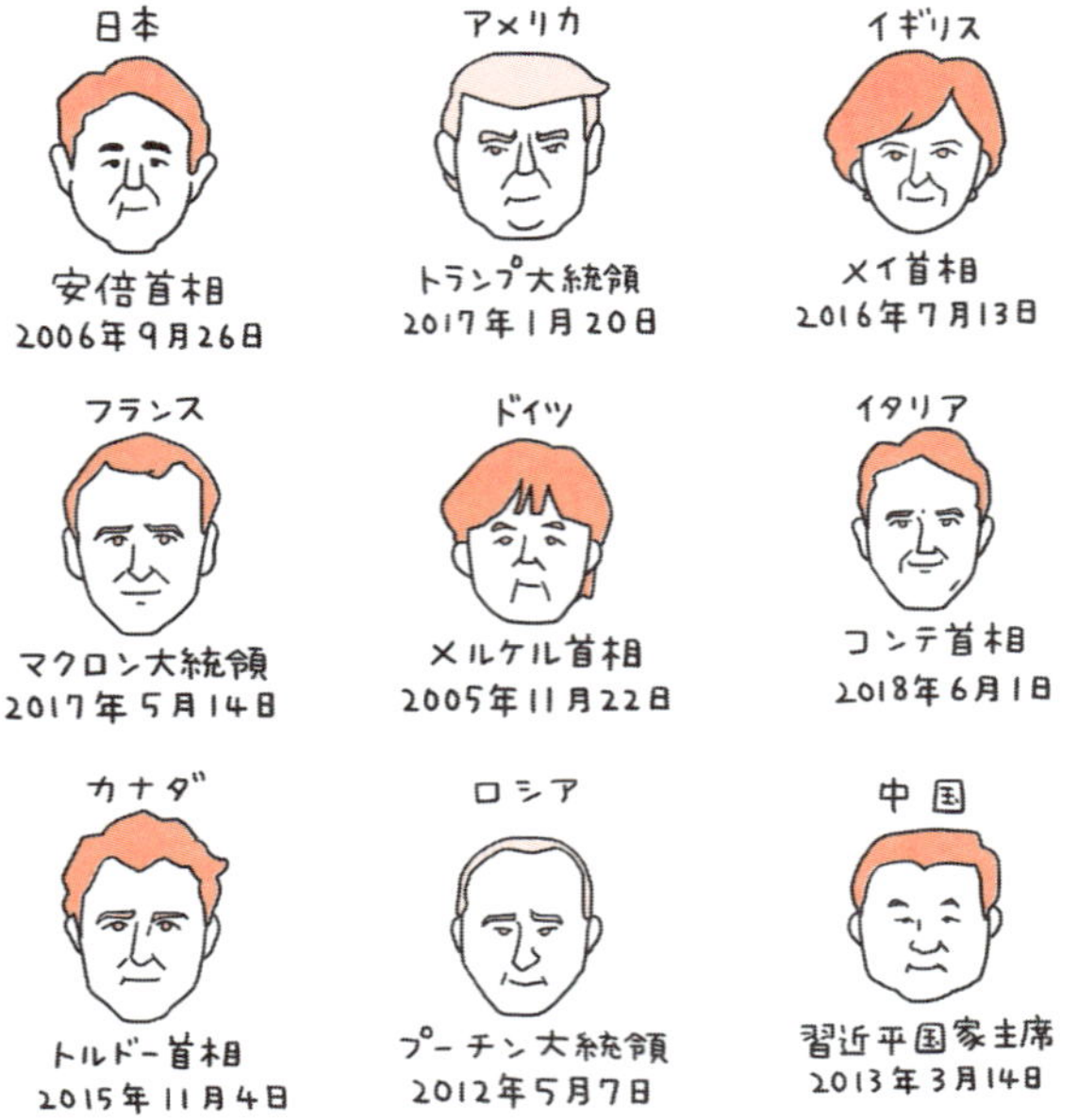

中国でも、2018年3月の全国人民代表大会（全人代）で、連続2期10年とされていた国家主席の任期を撤廃する憲法改正を行い、習近平政権が長期化することが確定的となりました。

長期政権は独裁につながります。なぜ今、世界でその動きが顕著なのでしょう。

東西冷戦の時代には、世界にアメリカグループとソ連グループという枠組みがありました。それぞれが圧倒的な力を持ち、どの国もグループ内にいれば何とか安心だったわけです。やがてソ連が崩壊すると、アメリカだけが世界のスーパーパワーとなりました。しかし、そのアメリカの力がだんだん弱まってくると、それぞれの地域のボスが台頭してくるわけです。にらみを利かせていた警察官が街からいなくなったようなもの。そこで、今度は自分たちの手で街を守ろうという動きが出てきて、それがトルコのエルドアン大統領だったり、フィリピンのドゥテルテ大統領だったりする。独裁的で実力主義の世界に変わりつつあるのです。

独裁はともかく、長期政権化は一般論としては悪いことではありません。サミットに出席しても「どうせまた次は違う人が来るんだろう」と思われると、まともに話をしてもらえないでしょう。

外交面では長期政権のほうが望ましい。しかし国内では、おごりが出て権力を乱用したり、癒着を生んだりするという弊害はあります。

民主主義とは、期間限定の独裁者を選ぶようなもの。あまりに権力が集中すると、任期を取り払おうとしたり、国の重要ポストに都合のいい人間ばかりを送り込んだりすることもできます。民主国家でも、形を変えた独裁は可能なのです。

発展編

さらに詳しく知っておこう！

かつてイギリスの首相だったチャーチルは「民主主義は最悪の政治と言える。これまで試みられてきたすべての政治体制を除けばだが」と語っています。民主主義は完全ではないが、ほかよりはましという程度のものなのです。

子どもと一緒に考えよう！

自衛隊ができるようになった「駆けつけ警護」って？

池上さんだったらこう答える！

攻撃を受けた民間人たちを武器を持って守る任務を想定しています

２０１５年に安全保障関連法が成立し、２０１６年３月から施行されました。このとき、国会の争点になったのは「集団的自衛権」を認めるかどうか。歴代内閣は、日本は憲法９条により他国とのもめ事を解決するときに武力は使わないが自国が攻められた場合には国を守るために戦ってもいい。つまり「個別的自衛権」はあるという考えでした。ところが安倍内閣はこの憲法解釈を変え、たとえ日本が直接攻められていない場合でも密接な関係にある他国が攻撃を受けたときには日本が反撃できる＝「集団的自衛権」を行使できるとしたのです。

　このとき成立したのは、10本もの改正法をまとめた「平和安全法制整備法」と、新法の「国際平和支援法」。この改正でPKO協力法に「駆けつけ警護」の任務が加わることになりました。それを受け、南スーダンの国連平和維持活動（PKO）にこの任務を付与された陸上自衛隊が派遣されたのです。

実際に自衛隊が駆けつけるまでには何段階もある

「駆けつけ警護」と言うと、日本の自衛隊が、敵と戦っている他国軍のところへ駆けつけて、一緒になって戦うというイメージを持つ人がいるかもしれませんが、そうではありません。まず、日本が派遣するPKOはたいてい陸上自衛隊の「施設部隊」です。つまり道路を造ったり、橋を架けたり、インフラ整備をしたりする自衛官たち。

　とは言っても、もしも自分が危ない目に遭えば正当防衛で自分のことを守ることはできました。あるいは、南スーダンに関しては以前、敵対勢力に追われた住民たちが日本の自衛隊の宿営地に逃げ込んできたことがありました。こうした保護下にある人たちを守るための戦闘は、これまでも理論的にはできました。

　しかし、例えば日本のNGOが現地で医療活動をしていて、武装グループに襲われた場合、「助けて」と助けを求めてきても、自衛隊は助けに行くことができませんでした。今後は現地の国連司令部から要請があれば、自衛隊員が宿営地を出て駆けつけられる。つまり、武器を持って助けに行けるようになったのです。

襲撃されたNGOなどを自衛隊が保護

自衛隊が外国でPKO活動をしていて、武装集団に襲撃されたNGOなどの要請を受け自衛隊が保護にあたる

でも、それ以前に日本のような「施設部隊」ではなく、「歩兵部隊」を送っている国があります。本来はそういう部隊がそこへ駆けつけます。たまたまそういう部隊が近くにおらず日本の自衛隊しかいない場合に限り、駆けつけて守ることができるという話です。

国際的に見れば、やっと日本も国際標準になったと言えるのでしょう。

ただ、一方でそうやって宿営地から出かけていけば、銃撃戦になるおそれはあります。自衛隊員が殺される可能性もあるし、殺す可能性もある。南スーダンは2016年7月、首都ジュバで銃撃戦が勃発し270人以上の死者を出した危険地帯です。このとき、中国のPKO部隊にも犠牲者が出ました。

国際貢献とは言え、自衛隊員の安全は守られるのか。

PKOは国連から費用が出るので、国によっては大事な収入源となっています。発展途上国の参加が多く、先進国の参加率は下がっているという現状も知っておくべきでしょう。

発展編

さらに詳しく知っておこう！

その後、南スーダンに派遣されていた自衛隊は「任務完了」を理由に撤退しました。実際は危険なので引き揚げたと表現したほうが実情に近いのですが。

子どもと一緒に考えよう！

外国人向けの食事、「ハラルフード」ってどんなもの？

池上さんだったらこう答える！

イスラム教徒が口にできる豚肉やアルコールを使わない食事を指します

イスラム市場開拓ではハラル認証取得が前提

最近、インドネシアやマレーシアなど、東南アジアのイスラム教徒が多い国からの観光客が急増しているようですね。街なかでもずいぶん見かけるようになりました。

これに伴い、日本ではハラルフードを提供する店が増えてきています。

ハラル（ハラールとも言う）とは、アラビア語で「許された」「合法の」を意味し、ハラルフードはイスラム教の戒律にのっとった食べ物のことです。逆に、ハラムフー

ドとはイスラム教で禁止された食べ物のことです。

豚肉とアルコールは絶対にダメ。豚が禁止されたのは、イスラム教が生まれた当時のアラビア半島で豚の病気がまん延していたからではないかとの説もあります。

厳密に言えば、イスラムの戒律の方法以外でさばいていないとほかの肉もダメです。イスラム教徒が「アッラーアクバル（アッラーは偉大なり）」と祈りながら頸動脈を切り、動物にあまり負担をかけずに血を抜いた肉ならハラルです。豚肉を切った包丁を使うことも許されません。キッチンのアルコール消毒もダメなので、すべて塩素消毒です。

こうした点をクリアすれば、ハラル認定を受けた証しとして「ハラルマーク」が与えられます。国ごとに認定機関があり、日本でも複数の団体が認証を行っています。

イスラム教徒の観光客受け入れには、イスラム教の戒律を理解した配慮が必要なのです。最近ではホテルでもハラル認証を取得し、メニュー提供をしているところが増えてきました。ここを徹底すれば、2030年には全世界で22億人にもなると言われる巨大マーケットを開拓できるというわけです。

実は、イスラム教はとても柔軟な宗教

サウジアラビアへ行くと、ハラルマークの貼ってある食品などないのですね。なぜならサウジアラビアは敬けんなイスラム教徒の国で、すべてハラルであることが前提

「ハラル」と「ハラム」

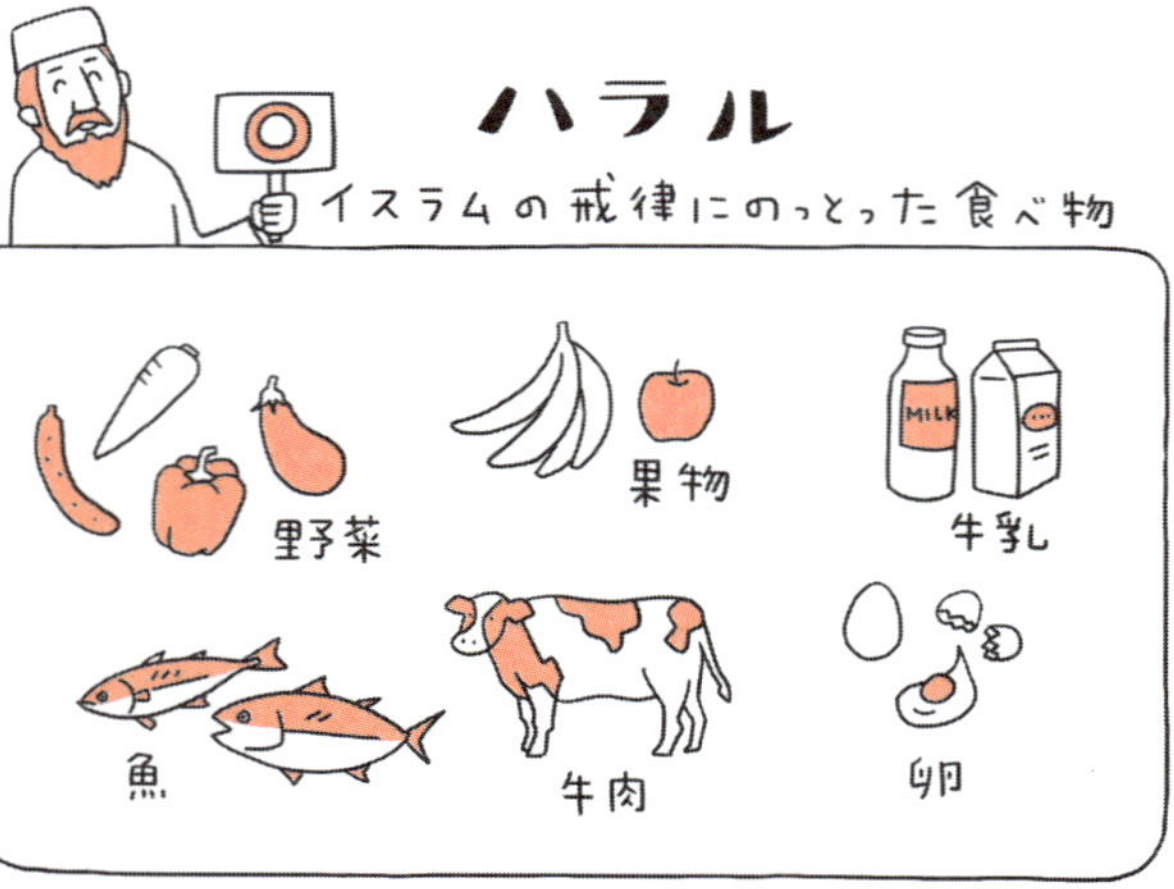

食べ物の戒律はできる範囲で守ればよい。
また、地域や宗派によって内容に違いも

だから。エジプトやインドネシアなど、いろんな宗教の民族が入り交じっている国では、ハラルマークをよく見かけます。

サウジアラビアでは「みりん」もダメで、持ち込もうとすると税関で引っ掛かってしまいます。しかし「みりんがダメ」となれば、日本料理のほとんどがダメということになりますよね。「知らないで口にしてしまった」も許されないのでしょうか。

聖典コーランの一説にこうあります。「彼（アッラー）があなたに（食べることを）禁じられるものは、死肉、血、豚肉、およびアッラー以外（の名）で供えられたものである。だが故意に違反せず、また法を越えず、必要に迫られた場合は罪にはならない。アッラーは寛容にして慈悲深い方である」。

つまり、コーランに「できる範囲でいいよ」と書いてあるのです。また、同じイスラム教徒でも地域や宗派によって厳しさの度合いに違いもあります。だからと言って、お酒を飲んで、「豚骨ラーメン食べよう」なんて誘わないでくださいね。

発展編

さらに詳しく知っておこう！

ハラルと紛らわしいことばに「ハラム」があります。これは「禁止された」という逆の意味です。アフリカ・ナイジェリアのイスラム過激派「ボコ・ハラム」は「西洋教育禁止」という意味です。

子どもと一緒に考えよう！

北方領土は日本のものなのになぜ返ってこないの？

池上さんだったらこう答える！

日本は不法に占拠された、ロシアは合法的な領土だと主張していて、お互い平行線のまま…

未だに解決されていない領土問題の一つが、北方領土の返還です。

北方領土とは、北海道の根室半島沖合にある、択捉（えとろふ）、国後（くなしり）、色丹（しこたん）、歯舞（はぼまい）群島の4島のこと。その広さの合計は千葉県と同じくらいです。周囲に豊かな漁場を持ち、戦前は多くの日本人が住んでいました。元々日本人が開拓した土地で、1855年に結ばれた日魯《にちろ》通好条約でロシアも日本の領土だということは正式に認めていたのです。しかし現在はロシアが実効支配。双方が「自分の領土だ」と主張し合っています。

北方領土問題のきっかけは、第二次世界大戦です。

第二次世界大戦中の1941年、日本とソ連は「日ソ中立条約」を締結し、お互いに侵略しないことを約束していました。ところが、1945年8月9日にソ連は条約を一方的に破棄し、日本が「ポツダム宣言」を受諾し降伏した15日以降に、千島列島に攻め込んできたのです。日本にしてみれば、この行為は明らかにルール違反です。「不法占拠だ」と抗議してきました。しかし、国際的には第二次世界大戦が終わったのは、日本がミズーリ号で降伏文書に調印した9月2日です。ソ連は8月28日～9月5日にかけて北方領土を占領したのです。

4島返還にこだわると交渉は先に進まない？

1956年に調印された「日ソ共同宣言」には、両国の平和条約締結後に歯舞・色丹の2島は日本側に引き渡されると書かれています。ちなみに、平和条約を結ぶまでは国際法上では日本とロシア（ソ連）はまだ戦争状態にあるということ。では早く条約を結べばいいじゃないかというと、そのためには2国間で国境を定める必要があり、4島の帰属が明らかになるまでは難しいというのが日本の立場です。

現在、北方領土に住んでいるロシア人は約1万6700人もいます。さらには国後・択捉には軍事基地を建設しています。この2島は返すつもりはないからでしょう。でも、歯舞・色丹には造っていない。ロシアも差をつけているのです。

迷走する北方領土問題の行方は？

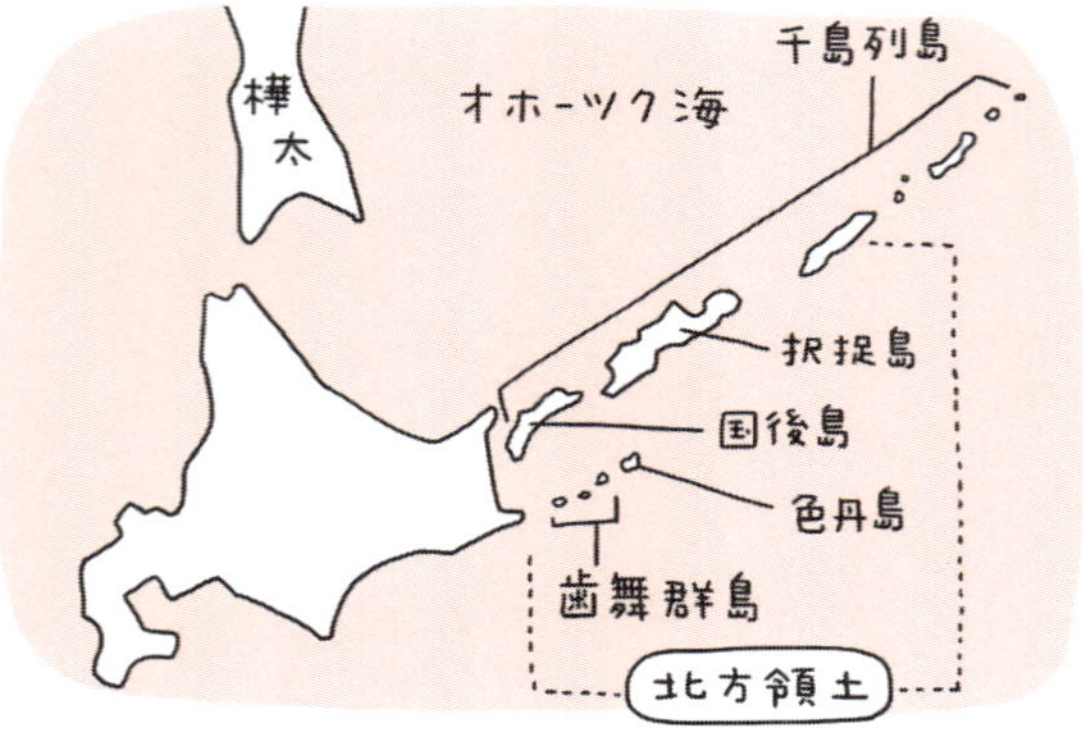

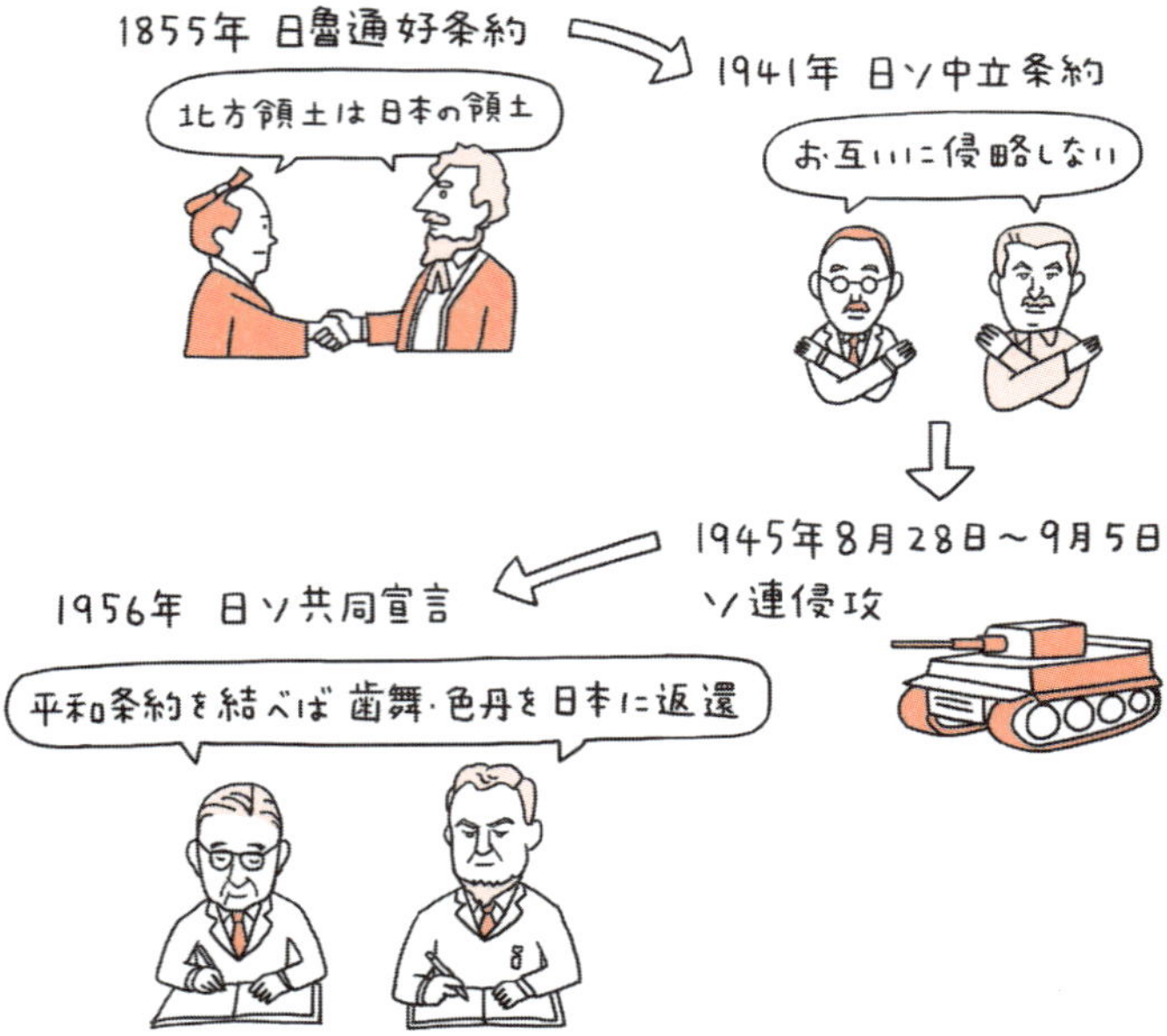

日本政府も、「4島一括返還」と主張するかぎりなかなか北方領土は返ってこないのでは、との危機感を持っています。そのため、「歯舞・色丹の2島を先に返還」「面積で半分に分ける」などの案も議論されましたが、具体的には進んでいません。

そこで、2016年に行われた安倍総理とプーチン大統領の首脳会談では、2国が共同で経済活動をするという方針が交わされました。ロシアとしては北方領土に日本の資本を投入したいし、もっと資金援助をしてほしい。日本はそれと引き換えに、返還交渉を少しでも有利に進めたいという思惑でしょう。

ところが2018年、プーチン大統領が「前提条件なしで平和条約を結ぼう」といきなり言いだしました。2島を早く返還するということなのか。まだまだ、交渉の行方からは目が離せません。

発展編

さらに詳しく知っておこう！

過去に日本政府は「4島一括返還」と言っていましたが、現在は「帰属問題を解決」という言い方に変えました。妥協の可能性を広げたのです。

子どもと一緒に考えよう！

トランプ大統領はめちゃくちゃなのに、なぜ支持されている？

池上さんだったらこう答える！

アメリカ全体ではなく、自分の支持者が喜ぶ政策ばかり優先しているから

「アメリカ・ファースト」の強硬姿勢で、傍若無人にふるまうアメリカのトランプ大統領。ツイッターでは品のない過激発言を繰り返し、自分に都合の悪いメディアの報道はすべて「フェイクニュースだ！」と切り捨てる。まるで、ガキ大将がそのまま大きくなったかのようです。

かと思えば、外交でも強硬姿勢を貫きます。例えば、中国に対し、「アメリカの知的財産権を侵害している」と言いだしました。対象となる中国製品に対し、上乗せで関税をかけるというのです。貿易赤字削減が目的なのですが、やり方が乱暴です。

トランプ大統領の政権運営にはホワイトハウス内部からも異論が噴出していて、これまで何人もの高官が罷免されたり、みずから辞めていったりしています。こんな大統領を、アメリカ国民は本当に支持しているのか?と思いきや、意外にそうなんですね。

全体では4割弱の支持ですが、共和党支持者の支持率だけで見れば80~90%です。逆に民主党支持者では1桁ですから、支持層は完全に分断されています。インテリが多い民主党支持者はあきれても、共和党支持者にとっては「トランプ、よくやっているじゃないか」と見える。海外からの鉄鋼輸入に高い関税をかけた結果、アメリカ国内の鉄鋼産業がよみがえり、失業者が再び働き始めました。オバマ時代の地球温暖化対策でストップしていた石炭産業も、トランプの一声で息を吹き返しています。こうした政策で働く場を得た人々は、トランプの手腕を高く評価するわけです。

また、大幅な法人税減税をしたおかげでアメリカの株価は上昇しました。外交面でも、歴代大統領がなしえなかった米朝首脳会談を実現。見ようによっては一定の成果を上げているとも言えるのですね。

自国ファーストの姿勢は、友好国日本にも厳しく向けられた

トランプ大統領にとって大事なのは、次の大統領選挙です。自分の支持層にウケる政策を取るかたわら、どちらの政党が勝つかわからない「スイングステート」と呼ば

「アメリカ・ファースト」で支持される トランプ大統領

過激な発言も多いが…

共和党員からは 高い支持

今後への懸念材料も

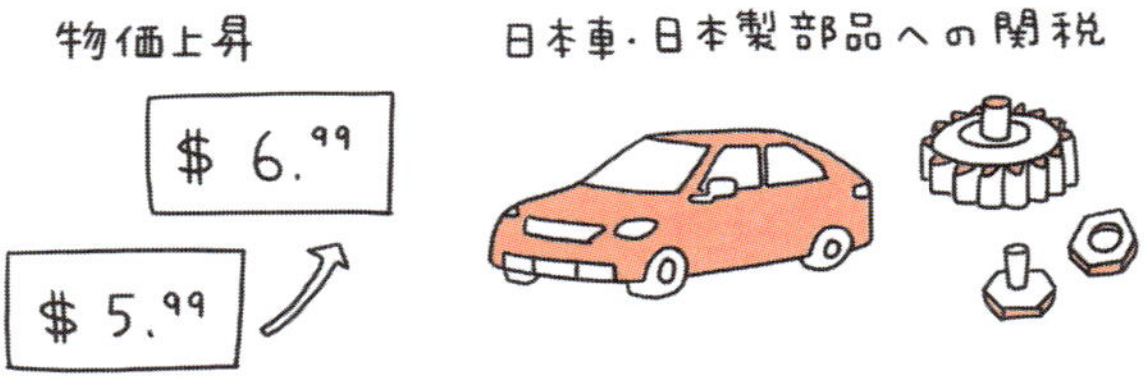

れる州にせっせと足を運んでは選挙活動をしています。自国ファーストですから、国際社会におけるアメリカの役割や果たすべき使命といったものには、まるで興味がないのです。全米の主要新聞300紙以上が一斉にトランプ批判の論説を出しましたが、彼の支持者はそもそも新聞を読まないため効果がないのでは、なんて皮肉も。

ただし、これからは副作用が出てくるでしょう。安い輸入品に関税をかけると、日用品が値上がりします。トランプ支持者たちは、自分たちが買い物をするウォルマートの中国製品がじわじわ高くなるだろうということに気づいていないのでしょうか。

日本にとっても、懸念材料はあります。

アメリカとの通商交渉で、日本が貿易赤字を削るための努力をしなければ、「(安倍総理との)良好な関係は終わるだろう」と発言。日米はこれから2国間の貿易協定の交渉に入ることになりました。

発展編

さらに詳しく知っておこう！

2016年大統領選挙時のトランプ氏のスローガンは「メイク・アメリカ・グレート・アゲイン」(アメリカを再び偉大に)でした。2020年は「キープ・アメリカ・グレイト」(アメリカを偉大に保とう)です。

第3章

政治への
ギモンがわかるニュース

子どもと一緒に考えよう！

18歳で成人に？ なぜ引き下げるの？

池上さんだったらこう答える！

成人年齢を20歳としているのは主要国の中では日本だけ。若者が政治に関心を持つようにとの期待も

成人年齢が今の20歳から18歳に引き下げられることになりました。

そもそも成人年齢を20歳と定めたのは1876年（明治9）のこと。欧米諸国が当時、成人年齢を20代前半としていたためです。しかし、1960年代から成人年齢を18歳に引き下げる国が相次ぎ、今や18歳成人が世界のスタンダードとなっています。日本が遅すぎたのです。

一方、「酒やタバコも18歳からになるの？」という議論もありましたが、こちらは「健康被害への懸念」から20歳からのまま。アメリカでは、喫煙は18歳から、飲酒は21歳から（州によって異なる）となっています。

よく日本の20歳を越えた大学生がアメリカへ行って酒を飲もうとしたら「フォトーID（顔写真つき身分証明証）を見せろ」と言われ、提供してもらえずにがっかりすることもあるようです。必ずしも、そこは法定成人年齢とは一致していないのですね。

では、なぜ今になって成人年齢を18歳にしようということになったのか。

それは、2007年5月に成立した「国民投票法」がきっかけです。同法で憲法改正の可否を決める国民投票権を有する者の年齢を18歳以上と定め、付則で公職選挙法や民法の改正を促しました。その後、2015年に改正公職選挙法が成立し、「18歳選挙権」が実現。今度はいよいよ成人年齢を引き下げようということになったのです。

地元にいるうちに投票に行く習慣が身につくメリットも

選挙権について言えば、世界の90％以上の国の選挙権年齢は18歳以上です。子どもなのに判断できないんじゃないの？と思うかもしれませんが、逆に選挙に行くとなれば18歳までに政治のことを一生懸命考えるし、学校でも政治に対して勉強するようになるのです。

それにこんなメリットもあります。

以前、テレビ局の若いスタッフと話をしていたら、「東京に出てきて、一度も選挙に行ったことがないんです」と言います。理由を尋ねると「選挙へ行った経験がなく

「18歳成人」へのあゆみ

2007年5月　国民投票法

国民投票権を有する者の年齢＝「18歳以上」

⇩

2015年6月　改正公職選挙法

選挙権年齢＝「20歳以上」→「18歳以上」

⇩

成人年齢の引き下げへ

政治や選挙に対して早くから関心を持つように

各国・地域の成人年齢

15歳	ミャンマー　イラン（男性）
16歳	イギリス（スコットランド）
17歳	北朝鮮　タジキスタン
18歳	フランス　ドイツ　ロシア　オーストラリア　インド
	イギリス（イングランド、ウェールズ、北アイルランド）
	中国　アメリカ（アラバマ州、ネブラスカ州、ミシシッピ州　以外）

て、怖いから」。高校を卒業して東京に出てくると、立候補者を誰も知らないし、投票所も行ったことがない場所だから足が遠のいてしまうのですね。

18歳で投票ができるとなると、たいてい自分が生まれ育った場所で投票ができます。地元なら候補者の評判もある程度わかるし、投票所は自分が通っていた学校です。それなら気軽に行けます。一度経験しておけば、「怖い」という意識は薄らぐでしょう。

元高知県知事の橋本大二郎氏が知事時代に言った有名なセリフがあります。「高知県の未来を考えるとサッカー場を造ったほうがいいけれど、次の選挙のことを考えたらゲートボール場を造ったほうがいい」。ゲートボール場を造ればお年寄りが投票してくれるという意味ですが、若い人が投票に行かないとずっとお年寄りのための政治が行われてしまうわけですよね。

子どもが「選挙に行く」と言えば、親だって行かないわけにはいきません。親子で政治に関心を持ち、一緒に話すきっかけになるのではと期待しています。

発展編

さらに詳しく知っておこう！

欧米では18歳は立派な大人。大学に進学するときは実家を出て1人暮らしをするのが一般的。アメリカの学生は学費を親から出してもらうこともなく、学費ローンで賄います。

子どもと一緒に
考えよう!

一票の格差って? 衆議院は議員を減らしたのに参議院は増やす?

池上さんだったら
こう答える!

民主主義の原則は1人1票だけれども、都道府県により人口が違うので一票の重さが異なっています

衆議院の選挙の結果について、最高裁判所は2009年、2012年、2014年のいずれも違憲状態と判断しています。それは、いわゆる「一票の格差」が問題だからです。

民主主義の原則は1人1票なのですが、都道府県や地域により人口が違うので、実際には一票の重さが同等ではありません。最高裁は格差が2倍以内を目安にしていますが、実際にはそれを超える選挙区があり、区割りを見直すための衆議院選挙制度改革法が2016年に成立しました。

小選挙区での「0増6減」、比例代表の「0増4減」（定数を10削減）などを先行し、2022年以降に人口比により近い配分が可能な「アダムズ方式」での選挙を実施する予定です。

ちなみに衆院と同様に一票の格差が問題となっていた参院は、高知と徳島、島根と鳥取を1つの選挙区とする「合区」を導入しました。これはアダムズ方式とは全く関係なく、一票の格差を縮めるための「応急処置」のようなものです。

身を切る改革のはずが、結局議員数は減らさない？

最高裁は、「そもそも1994年の小選挙区制の導入の際に規定された『1人別枠方式』こそが、一票の格差を広げる諸悪の根源だ」と指摘しています。

「1人別枠方式」とは、衆院の小選挙区のうち、人口の多い少ないにかかわらず、まず各都道府県に1議席を配分し、残りの議席を人口に比例して配分する方式です。過疎地への配慮が、一票の格差問題を生んだのです。

さて、ここまでは議席を減らす話になっていたはずなのに、2018年に国会で可決されたのは、参議院の定数を6増するという改正案でした。こちらも参院選挙における一票の格差を是正するためだと説明されました。

さらに、比例代表に得票数に関係なく優先的に当選する候補を自由に決めていい「特定枠」を新設しました。この特定枠を使って、合区で減った選挙区の議員を救済する

一票の格差とは？

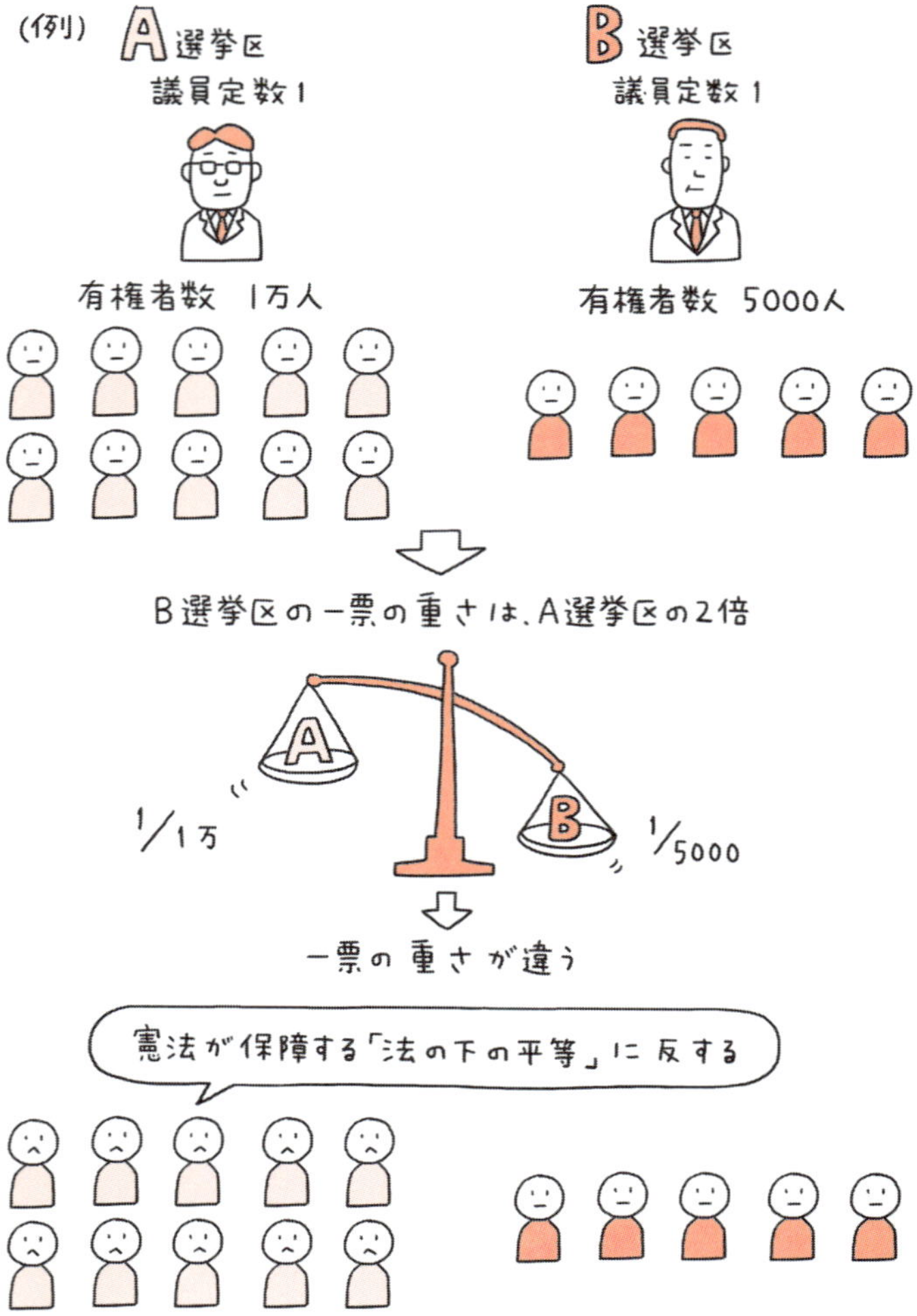

（例）
A選挙区
議員定数1
有権者数　1万人
B選挙区
議員定数1
有権者数　5000人
B選挙区の一票の重さは、A選挙区の2倍
A
B
1/1万
1/5000
一票の重さが違う
憲法が保障する「法の下の平等」に反する

つもりだというのだからあきれます。

最終的に参議院の議員定数は、今より増えることになったのです。

もともと議員定数の改正は、民主党政権時代の野田総理と安倍自民党総裁との党首討論が始まりでした。野田佳彦総理が、「一票の格差と定数是正、これを早期に成立させると安倍総裁の確約をいただくなら、私は今週末に解散をしてもいいと思っています。やりましょうよ」と迫りました。

当時、自民党総裁だった安倍晋三氏は「約束ですね、約束ですね、よろしいですね、よろしいですね」と意外な解散の約束にオロオロ……。

かくして選挙の結果、民主党は与党の座から滑り落ち、自民党が政権与党に返り咲いたのです。

国会議員自身が「身を切る」改革をするはずだったのですが、与党となったとたん、安倍総理はどうもその約束をすっかり忘れてしまったようです。野田元総理も、さぞがっかりしていることでしょうね。

発展編

さらに詳しく知っておこう！

議員定数を減らせばいいというものでもありません。議員数が減れば、幅広い国民から代表を選ぶということが難しくなるからです。適度な数はどれくらいか、議論が必要です。

子どもと一緒に考えよう！

憲法改正が話題だけれど、どうすればできる？

池上さんだったらこう答える！

衆参3分の2以上の議員の賛成があれば国民に提案でき、国民投票が行われます

これまで安倍晋三総理は憲法改正を「在任中に成し遂げたい」と答弁していましたが、2017年に自民党総裁として語ったビデオメッセージで「2020年を新しい憲法が施行される年にしたい」と、初めて改憲の時期について表明しました。さらに、自民党総裁として3期目が始まり、党の憲法改正案を国会に提出したいと意欲を示しています。

具体的には、「自衛隊の存在」「高等教育の無償化」などの4項目を憲法に入れたいとの意向です。そもそも自民党は憲法改正が党是（党の方針）です。しかし歴代内閣はそれをあからさまに言わず、どちらかと言うと封印してきました。現行憲法の悪口を言ってクビが飛んだ大臣もいます。

そのためか、国民投票に関する手続きについても、きちんと定めていませんでした。

そこで第一次安倍政権は２００７年、「日本国憲法の改正手続きに関する法律」を作りました。いわゆる国民投票法です。

憲法改正については、憲法96条で「衆議院と参議院それぞれの国会議員の３分の２以上の賛成を得て改憲案が発議され、国民投票で過半数の賛成を得ることが必要」とされています。その具体的な手続きとして、「国会が改憲を発議してから60日以降１８０日以内に投票を実施する」などのルールを定めたのです。

憲法改正に向けて、着々と地ならしをしてきたわけですね。

ちなみに「国民投票の過半数」とは、有効投票総数の半分。通常選挙の投票率は全国平均で６割ですから、仮に６割が投票し、その半分、つまり３割が賛成なら憲法改正となるわけです。国民投票の選挙権は18歳からですから、もし安倍総理の言う２０２０年を目標にするとすれば、現在10代半ばの人も投票できることになりますね。

自衛隊の存在を憲法に書き込み、合憲としたい安倍総理

憲法改正は何と言っても安倍総理の悲願です。なかでも焦点は、「戦力不保持」を明記した９条と自衛隊の関係についてです。

憲法改正の流れ
(衆議院で発議される場合)

衆議院議員100人以上の賛成で改正原案を発議
(参議院の場合は参議院議員50人以上の賛成で発議)

↓

衆議院の憲法審査会で改正原案を審議:過半数の賛成で可決

↓

衆議院本会議で審議:3分の2以上の賛成で可決

↓

参議院の憲法審査会で改正原案を審議:過半数の賛成で可決

↓

参議院本会議で審議:3分の2以上の賛成で可決

↓

憲法改正を国会発議

↓

国民投票:過半数の賛成で承認

↓

公布・施行

憲法第9条全文

1 日本国民は、正義と秩序を基調とする国際平和を誠実に希求し、国権の発動たる戦争と、武力による威嚇又は武力の行使は、国際紛争を解決する手段としては、永久にこれを放棄する。

2 前項の目的を達するため、陸海空軍その他の戦力は、これを保持しない。国の交戦権はこれを、認めない。

自衛隊の存在は9条に反する「違憲の存在」ではないかという声に対し、政府は「憲法では国際紛争を解決する手段としての武力放棄を禁じているのであって、自衛権はどの国にも認められる。だから自衛隊は合憲だ」と説明してきました。

安倍総理は今回、9条のうち戦争の放棄を定めた1項、および戦力の不保持を定め、交戦権を認めないとした2項を残したまま、自衛隊について書き込む考えです。

そもそも憲法とは国民をそれに従わせるのではなく、国家の権力が好き勝手なことをしないように縛るもの。私たちの権利や自由を保障する大切なものです。日本が立憲主義、立憲国家であるという意味は、憲法に基づいて政治が行われる国だということです。

憲法を改正すべきか、改正するならどのようにするのが望ましいのか。それを考えるために、一度じっくり憲法を読んでみませんか。

発展編

さらに詳しく知っておこう！

通常の選挙では使える費用について金額が決まっていますが、国民投票に関しては制限がありません。いざ国民投票になるとテレビのコマーシャルに多額の資金がつぎ込まれると見られています。

子どもと一緒に考えよう！

都知事は総理より権力があるというのは本当？

池上さんだったらこう答える！

都知事に権力があるのは、都民から直接選挙で選ばれるから。でも同じく直接選ばれる都議会の力も強いのです

国内外で、女性リーダーの誕生が相次いでいます。東京都でも2016年に初の女性都知事として小池百合子氏が就任しました。あのときはたいへんなブームが巻き起こりましたね。一地方自治体の長にすぎないはずが、「都知事の権限は総理大臣より大きい」と言われています。なぜでしょう。

日本の内閣総理大臣は、国民が直接選挙で選べませんね。総理大臣は、私たちが選んだ国会議員から指名されます。この仕組みを「二元代表制」と言います。

これに対し、都知事は、都民から直接選挙で選ばれます（道府県、市区町村の首長も同じ）。議会の議員も直接選挙で選ばれます。住民が直接選挙で首長と議会の議員を別々に選ぶ制度を「二元代表制」と言います。

そもそも日本の議院内閣制度は、イギリスをお手本にしました。

しかし戦後、ＧＨＱ（連合国軍総司令部）から「都道府県知事に関しては、アメリカの州知事と同じように国民が選挙で選べるようにしなさい」と要請され、今のような二元代表制になったのです。結局、国の制度はイギリス式、地方制度はアメリカ式になりました。戦前の都道府県知事は、内務大臣が任命し、内務省（ＧＨＱにより戦後廃止）から派遣される高級官僚でした。

首長がどれほど強い権限を持つのかと言えば、例えば予算で言うと、国の予算は内閣が決めます。総理大臣が決めるのではなく、閣議決定が必要です。

しかし、自治体の予算案は首長１人の名前で出します。予算編成は議会の関与を認めない首長の独占的権限です。

小池氏が掲げたテーマは「都政の透明化」だった

なかでも東京都は、47都道府県の中の首都。多くの企業の本社が集中しているため税収も大きく、その予算は14兆円にも上ります。これはスウェーデンの国家予算に匹敵するほどです。それゆえ、ほかの行政のトップとは比較にならない権限を持っているのです。

都知事と都議会の関係

東京都知事

①1300万人の人口を抱える日本の首都の首長

②都民から直接選挙で選ばれる

③予算規模は14兆円 ……スウェーデンの国家予算と同じ

④都職員は16万人

⑤議会の解散権、予算・条例案の提出権など

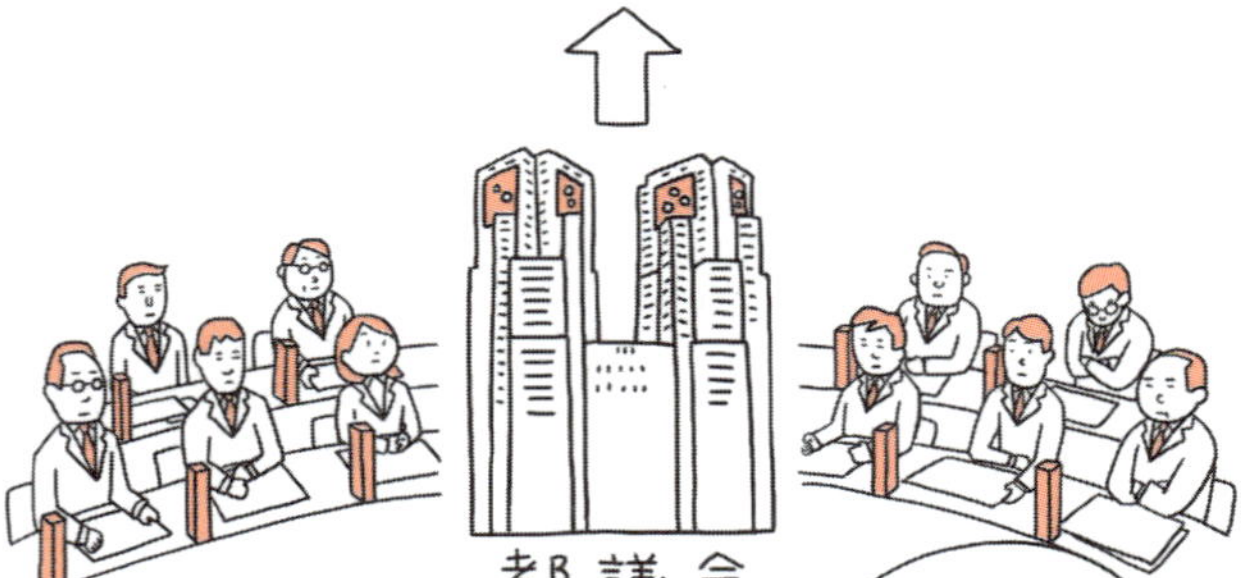

都議会

①予算の議決

②条例の制定・改廃

③副都知事の選任・任命の同意

④知事に対する不信任議決

ただし、都議会議員も都民が直接選ぶ都民の代表です。必ずしも、都知事の言うとおりに議会が動くとは限りません。

例えば、都知事は副知事を4名まで選べますが、都議会の同意を要します。石原慎太郎元都知事は1期目の副知事人事で自分の政治秘書を起用しようとしましたが、議会の同意を得られませんでした。あの石原氏ですら議会には勝てない。

小池都知事は就任してすぐ、築地市場の移転先である豊洲の安全性について疑問を投げかけ、移転決定のプロセスや費用の見積もりに不透明な部分があるとしました。

地方議会の動きは、なかなかニュースになりません。その意味では、小池都知事が就任したことで都民が都議会に関心を持つきっかけをつくったことは評価していいでしょう。

私たちは国政だけではなく、自分たちの住む地方の議会にもっと目を向けなければいけませんね。

発展編

さらに詳しく知っておこう！

築地市場の豊洲移転は、すったもんだの末、実現しました。豊洲には大勢の観光客が押し寄せています。あの騒ぎは何だったのでしょう。

子どもと一緒に考えよう！

大きな災害が起きたときに、国や自治体はどんな対応を取るの？

池上さんだったらこう答える！

基本的には自治体主導。市町村長の応援要請を受けて、国は自衛隊などの人材を派遣する仕組み

２０１８年は大きな災害が相次ぎました。

震度6弱を記録した大阪北部地震、多くの家屋が浸水や土砂崩れの被害に遭った西日本豪雨、高潮や強風が近畿地方に被害をもたらした台風21号、そして大規模停電を引き起こした北海道胆振《いぶり》東部地震。まさに災害の1年となってしまいました。

こうした災害が起きたとき、対策の指揮を執るのは誰かと言えば、基本的に自治体の長です。市町村長は、居住者などに対する避難勧告や避難指示、都道府県知事や他の市町村長などへの応援要請、自衛隊災害派遣の要請などを行います。ですから、村長や町長、市長が無能だといざというとき住民は悲劇です。

現在は自衛隊の災害派遣に関する法律が簡素化され、指示がなくても事後報告だけで出動できるようになりましたが、かつて自衛隊は県などからの救援要請がなければ動けませんでした。自衛隊が独断で出ていくとクーデターになりかねず、文民統制（軍隊は文民が統率するという原則）に違反してしまうという心配からです。

法律が簡素化されたのは、1995年の阪神・淡路大震災がきっかけでした。当時、兵庫県知事だった貝原俊民氏（故人）が自衛隊に災害救助要請を行ったのは、地震発生から4時間以上たってからでした。こんな場合、総理大臣が直接、自衛隊に救援要請をするべきでしたが、当時総理大臣だった社会党の村山富市氏は副大臣だった自民党の河野洋平氏と「いやあ、たいへんだなあ」と言いながらテレビを見ていたそうです。

東日本大震災以来、復興に関する法律が作られた

2016年に起きた熊本地震は、大規模災害復興法に基づく「非常災害」に初めて指定されました。大規模災害復興法は、東日本大震災をきっかけに2013年に制定されたものです。

非常災害の指定を受ければ、自治体の要請を待たずに国や都道府県が救援物資を供給できたり、市町村の区域を越えて被災住民の受け入れを調整したりできます。

災害発生時は市町村がポイントに

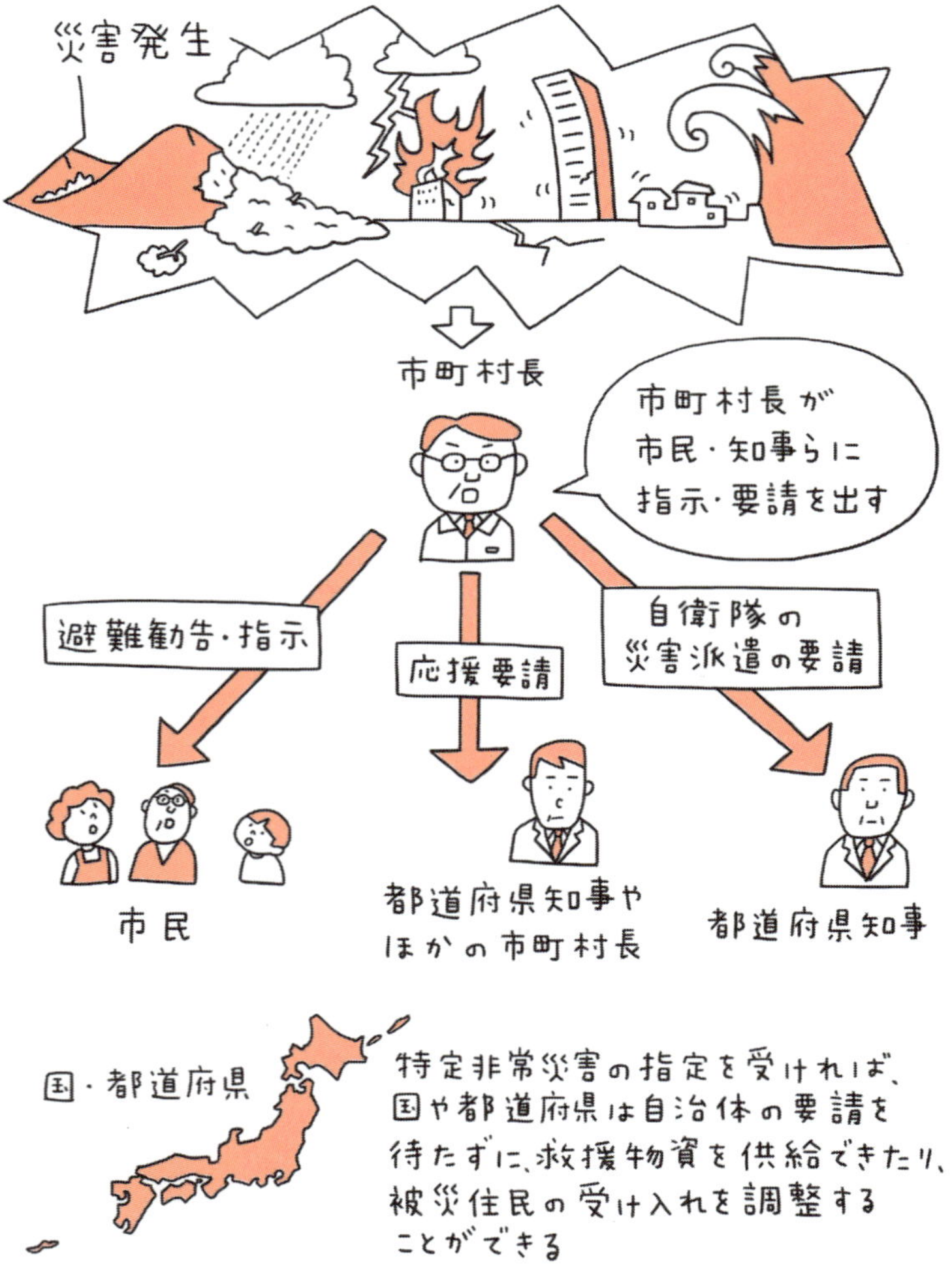

また、本来は地方自治体が負担すべき道路や港湾などの復旧工事を、人手を含め国が直接代行できるようになるのです。

「激甚《げきじん》災害」という言葉もよく聞きますね。簡単に言うと、財政援助を特に必要とする著しい災害のこと。激甚災害に指定されると、復興のための公共事業への国の補助率が、通常の7〜8割程度から9割程度に引き上げられます。また、農林漁業従事者への特別な優遇制度もあります。自治体の費用負担が減るのです。つまり激甚災害指定とは、緊急時の救援が目的ではなく、災害復旧・復興が対象なのです。災害規模がある程度確定してからでないと指定できなかったのが、最近その時期が早まり、最速1週間程度で「指定見込み」として公表できるようになりました。

それだけ大規模な災害が繰り返し起きているということです。過去にはなかった、想定外だった、という言葉を何度聞いたでしょうか。災害は他人ごとではないのです。

次は、あなたが住む地域で起きるかもしれません。

発展編

さらに詳しく知っておこう！

大きな災害が予想される事態でも「避難命令」というものは存在しません。最も危機感が強い表現は「避難指示」です。「まだ避難命令が出ていないから大丈夫」などと勘違いしませんように。

子どもと一緒に考えよう！

官僚と政治家はどちらが力があるの？

池上さんだったらこう答える！

国民から選挙で選ばれるのは政治家。本来は政治家が方針を決め、官僚が実行します

安倍総理に近い案件に対して、官僚たちが「忖度《そんたく》して」特別扱いをしたのではとの疑惑を生んだ森友学園・加計学園問題、いわゆるモリカケ問題がワイドショーで連日大きく取り上げられ、国会が紛糾しました。それを見て「初めて国会答弁に興味が湧いた」と言う人もいるようです。

国会答弁を見ていると、各大臣は官僚が事前に準備した原稿を読むだけだったりします。いったい政治家と官僚はどちらが偉いのか。「政」と「官」の関係を改めて考えてみましょう。

政と官の関係というと、象徴的なのが竹下登元総理が愛用した「司《つかさ》、司に任せて」という言葉です。要するに、日本が進むべき大きな方向だけは政治家が決めて、あとはすべて官僚に任せればいいという意味です。

日本はかつて「政治は三流だが、官僚は一流だから大丈夫」と言われました。頭のいい霞が関官僚をシンクタンクにして仕事を丸投げし、選挙対策で忙しい政治家は、次の選挙で当選することだけを考えていればよかったのです。

田中角栄内閣以降の自民党長期安定政権時代は、国家のグランドデザインを描くのもすべて官僚任せになっていました。官僚主導の象徴と言われたのが「事務次官会議」です。閣議（大臣たちが意思決定のために行う会議）は毎週2回、火曜日と金曜日の午前中に開かれました。事務次官（官僚のトップ）会議は月曜日と木曜日に開かれ、翌日の閣議に出す話を決めます。閣議とは、事務次官たちが前日調整した内容に、ひたすら閣僚がサインをするだけのものだったのです。

民主党政権交代時に「政治主導」に舵を切った

これではいけないと「脱官僚政治」を実行したのが鳩山由紀夫内閣です。脱官僚依存という政策の下、事務次官会議を廃止することを決めました。

ところが、いざ政務三役（大臣・副大臣・政務官）がリーダーシップを執る政治主導にすると、すべてを政務三役が抱え込んでしまい何もできなくなってしまいました。

国民・政治家・官僚の関係

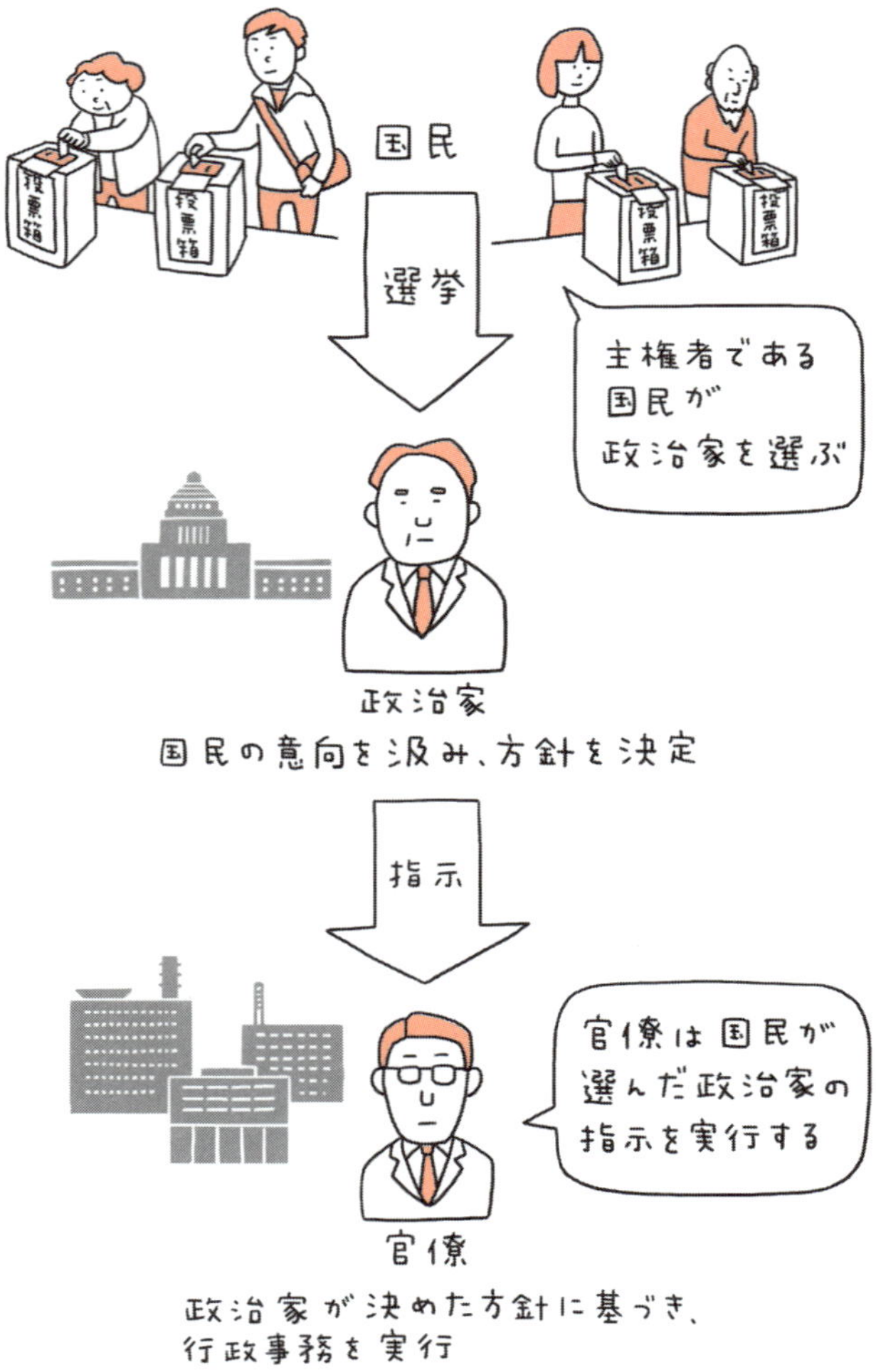

投票箱
投票箱
国民
投票箱
投票箱
選挙
主権者である
国民が
政治家を選ぶ
政治家
国民の意向を汲み、方針を決定
指示
官僚は国民が
選んだ政治家の
指示を実行する
官僚
政治家が決めた方針に基づき、
行政事務を実行

官僚を上手に使えばよかったのに、官僚を敵に回してしまったのです。結局、次官連絡会議として復活しました。

現在は小泉政権下で強まった内閣主導を、さらに進めています。総理大臣を補佐官が支える仕組みです。政治主導とは、本来こういうことでしょう。

結論を言えば、政治家は国民から選挙で選ばれているので、立場は政治家のほうが上です。官僚は政治家の指示に従う。決められた方針に従い、それを実行するのが仕事です。そして、政治家は失政をすれば選挙で落とされます。最終的に責任を取るのは政治家です。

でも、政治主導をやってみたら官僚は逆らえない。自分たちのクビが飛ぶのをおそれて政治家にあれこれ忖度した結果が、森友・加計問題につながったのでしょう。

政治主導は本来あるべき姿なのですが、現状では弊害のほうが表に出てしまった……とも言えますね。

発展編

さらに詳しく知っておこう！

かつて国家の官僚は、「我々が国を動かしている」という自負を持っていました。しかし、政治主導が強まったことで、大学生の間で官僚に対する人気が下がっているとも言われています。これはこれで困ったことなのですが。

子どもと一緒に考えよう！

政治資金の使い道は自由なの？

池上さんだったらこう答える！

政治資金規正法は性善説に基づいているので「政治活動のため」と言い張ればよかったのです

政治資金を使ってプライベートな家族旅行や食事をしていたのではないかという疑惑が報じられ、東京都の前都知事だった舛添要一氏が辞任したのは２０１６年のこと。このような政治資金の私的流用問題はたびたびニュースになります。

なぜ、こういう問題が頻発するのか。

まず、「政治資金」と一口に言っても、２種類に分けられます。国から各政党に渡される「政党交付金」と、パーティを開いたり献金をしてもらったりするなど「自力で集める政治資金」です。このうち、政党交付金は私たちの税金です。

政党交付金の制度が導入されたのは、1994年の細川内閣のとき。それ以前にリクルート事件や東京佐川急便事件など、政治とカネの問題で自民党がたいへんな批判を受けました。政治にはお金がかかるので、政治家が金集めに奔走し、政治活動がおろそかになってしまう。ならば、国が一定額の面倒を見ようという発想から、政党助成制度ができたのです。

国民1人当たり当時の値段でコーヒー1杯分250円の負担で、2018年度の政党交付金の総額は約320億円。国はこれを、所属議員の数や得票率などに応じて各政党に分配します。各政党はこの交付金を所属議員に分けるのです。ただ、共産党だけは受け取りを拒否しているため、共産党の取り分はまたそれぞれの党で分けています。

政治資金規正法が「ザル法」と言われる理由

舛添氏は、都知事になった後、高額の海外出張費や公用車での別荘通いが発覚しました。「国会議員時代はどうだったの?」とさかのぼって調べてみたら、政党交付金の私的流用疑惑が出てきました。

国会議員時代にもらった政党交付金を、自身の政治資金管理団体に寄付する形にして、都知事になったあとも使い続けていたのではないかというわけです。

政党交付金は法律上、返さなくても問題はありません。

2種類の政治資金

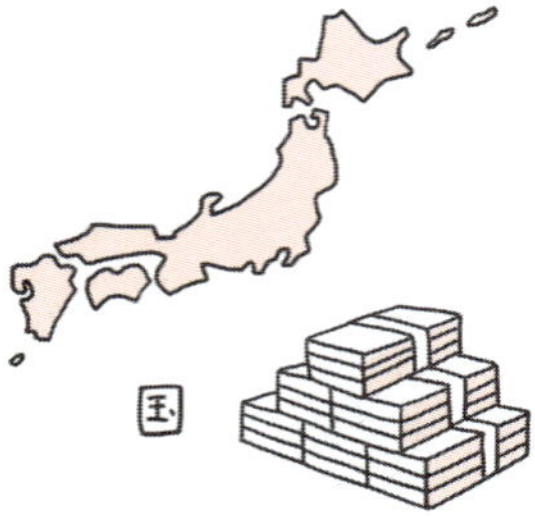

政党交付金

「政治活動のため」なら
実質的に使い道に
制限なし

絵画

税金を使っているため、
政治資金規正法の
見直しが必要

自力で集める政治資金

使い道に制限なし

税金ではなく
自己資金のため
特に規制できない

政治資金の収支を報告する義務は「政治資金規正法」や「政党助成法」で定められているのですが、問題はこれらの法律が「ザル法」であること。

よく字を間違えるのですが、「政治資金規正法」は「規制法」ではなく「規正法」です。「国民の信頼にもとることのないよう適切に使用しなければならない」と書いてある。つまり「あなたたちに任せますから、良識に従って適切に使ってね」と、中身はほぼノーチェックなのです。家族レジャーも絵画も、本人が「政治活動のためです」と言い張ればOKです。国がチェックをしたら自由な活動ができずまるで独裁国家のようなので、国も管理を控えてきました。

しかし、性善説はそろそろ限界。こうも何度も繰り返されると、そろそろ法律を見直すべきでしょう。私たちも厳しい目で政治家を判断する義務があるのです。

発展編

さらに詳しく知っておこう！

共産党が政党交付金の受け取りを拒否しているのは、国から資金を受け取ると国営政党になりかねないというもの。ただ、受け取りを断わったお金は他党に流れるので、「それくらいなら受け取ればいいのではないか」という声もあるとか。

子どもと一緒に
考えよう！

証人喚問をしても何もわからないのはなぜ？

池上さんだったら
こう答える！

うそをつくと偽証罪に問われるので「記憶にない」などの答えなくてすむ方法を使うから

安倍内閣を揺るがした「森友問題」では、国有地売却にかかわる決裁文書の改ざん問題を巡り、当時の財務省理財局長だった佐川宣寿前国税庁長官の証人喚問が行われました。そこで繰り返された言葉を、あなたも覚えていますよね。「刑事訴追を受けるおそれがあるので、答弁を差し控えさせていただきたい」と、なんと50回以上も使ったとか。見ている私たちも、「またか」とうんざりしました。

そもそも、証人喚問とは何のためにするのでしょう。

国会には、憲法により定められた「国政調査権」があります。

「国政に関する調査を行い、これに関して、証人の出頭及び証言並びに記録の提出を要求することができる」（第62条）

私たち国民にとって不利益なことが起きているのなら、国民の代表として国会はしっかりと調査をし、法律を改正するなどして正さなくてはなりません。そのために、「参考人招致」や「証人喚問」が認められているのです。

「参考人招致」は、文字どおり国会審議の参考にするために行われるもの。ただし、任意のため、出席を拒むこともでき、うその発言をした場合の罰則もありません。

これに対し、「証人喚問」で国会から証人として出頭を求められた場合は、出頭や証言を拒むことはできません。さらに、証言の前に宣誓をして、真実を述べることを誓います。もし、うその証言をした場合には偽証罪などに問われ、逮捕される場合もあるのです。これはたいへん厳しいものなのですね。

うそをつかずにすむための言葉が「記憶にございません」

では、「刑事訴追を受けるおそれがあるので……」と言うのはどういうことでしょう。証言をすることで、本人や関係者が刑事訴追、つまり逮捕・起訴されるおそれがある場合には、証言を拒否できることになっているのです。

さらに言えば、「真実のみを話します」と宣誓しているので、うそをつくわけにはいきません。それでひねり出されたのが「私の記憶の限りではありません」という言

証人喚問と参考人招致

憲法第62条
「国会の国政調査権に関する規則」

証人喚問

国政に関する調査のため、証人を呼び証言を要求する

出　頭 ― 強制
証　言 ― 強制
偽証罪 ― あり

衆議院規則第85条の2
参議院規則第186条
「参考人に関する規則」

参考人招致

国政に関する調査のため、参考人を招き意見を聞く

出　頭 ― 任意
証　言 ― 任意
偽証罪 ― なし

偽証罪があり、刑事訴追のおそれがある場合には証言を拒否できるため、真実がなかなか明らかにならない

葉。あくまで忘れたのだから、うそではないというわけです。

でも、「そうじゃないだろう」と思う場合もありますよね。本来、それを追及しなくてはいけないのが質問する国会議員ですが、本気があまり感じられなかったり、追及する力が不足したりしているのが現実です。

佐川氏の証人喚問のときも、与党議員はあまり突っ込みませんでしたね。あれを見ていて、「やっぱり安倍総理と関係があるからじゃないの？」という印象を持ってしまった人は多かったのではないでしょうか。

結局、ごまかせばごまかすほど、国民の疑念は深まるばかり。「言えないということは、うそだからじゃないの？」と突っ込みたくなりますよね。国会議員の皆さんたちは国民に選ばれた我々の代表なのですから、国民の利益を守るために、ぜひもっと質問力を磨いてほしいと願います。

発展編

さらに詳しく知っておこう！

国会議員の質問を聞いていると、結局単なる演説になっていることが多いのが実情です。データや証拠に基づいて論理的に追及していく能力が必要なのです。

子どもと一緒に考えよう！

日本の公文書は、これまでちゃんと保存していなかった？

池上さんだったらこう答える！

都合の悪いものは捨ててしまえ、という残念な精神風土が。保存方法の見直しは進んでいるのですが、抜け穴もありそうです

「森友問題」での決裁文書の改ざん、陸上自衛隊が海外に派遣されていたときの日報隠し事件。日本の公文書管理のずさんさを示す大問題が次々に発覚しています。

そもそも公文書とは、行政文書・法人文書・特定歴史公文書等を指し、そのうち行政文書は「行政機関の職員が職務上作成し、または取得した文書（電磁的記録を含む）」で、行政機関が保有しているものを言います。重要度により、例えば法律の制定の経緯や閣議決定、国際条約の締結に関わる文書は30年、予算決定のための文書、関係省庁の会議資料などは10年……というようにそれぞれ保存期間が決められています。

しかし、日常的な業務連絡や日程表などは保存期間が1年未満でもよく、ここが欧米とは大きく違うところです。欧米は「後世になってからでも検証できるように、あらゆるものを残す」という考えが一般的だからです。

アメリカの場合、ワシントン市内に国立公文書館があるのですが、とても入りきらずメリーランド州に別館を造りました。とてつもなく広大な敷地に膨大な資料が保管されており、誰でも資料を見ることができます。重大な機密に関しては、25年、50年、75年という期間を定め、最長でも75年たったらすべてをオープンにしなければならないと定められています。75年という期間の意味は、関わった人がすでに亡くなっているだろうから問題ないだろうということなんですね。とは言え、自分の死後に必ず公開されると思えば、悪いことや恥ずかしいことはやりにくくなるでしょう。「森友」の財務省の問題だって、将来、国有地を不当に安く払い下げたことが後世の人に知られると考えたら、やっぱりやめておこうかとなったのではないでしょうか？

終戦後、日本はあらゆる文書を焼いてしまったために反証できない

都合の悪いものは捨ててしまえばいい、という考えは日本に昔からありました。

終戦後の1945年8月16日、アメリカの偵察機が日本上空を飛んだところ、空襲もないのにあちこちから煙が上がっていたそうです。霞が関をはじめ全国の県庁所在地で、戦争中の公文書を次々と燃やしていたんですね。軍部や官僚たちが、自分たち

行政文書の最低保存期間

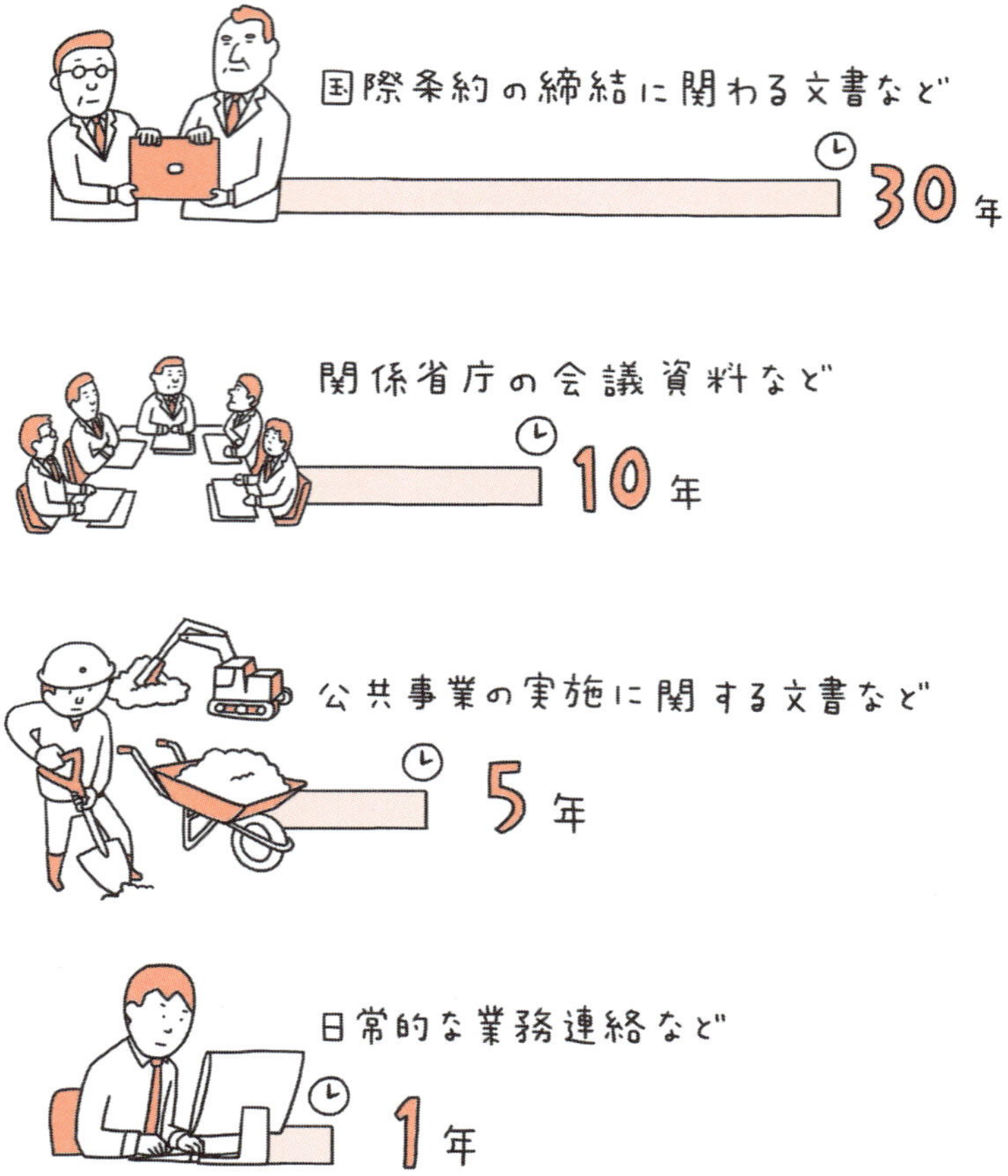

が戦争責任に問われることを恐れてしたことでした。しかしその結果、戦犯に問われた場合、たとえ無実でもそれを証明する文書がない、という悲劇も起きたのです。

また、従軍慰安婦問題について「軍が組織的に関与した証拠はない」と日本政府は説明していますが、都合の悪いものは全部焼いたんじゃないかと言われたら、それに対抗できません。「戦時中のあらゆる文書は残っていますが、調べても証拠は見つかりませんでした」と言うのなら、まだしも説得力はありますが……。すべての資料を残さなくてはいけない理由は、こういうところにもあるのです。

国民に知られて恥ずかしいことがないなら、ちゃんと残しておけばいいのです。

森友問題での批判を受けて、国も公文書の保存期間を見直すことにしました。ほぼすべての文書を残そうということになりましたが、メモは別。結局、公文書に書いてしまうと保管しなくてはならなくなる、だから詳しく書くな、あくまでメモにしておけ……という方向に進みそうです。やれやれですね。

発展編

さらに詳しく知っておこう！

アメリカの国立公文書館の別館に行ったところ、大勢の日本人研究者が資料を読んでいました。日本に残っていない資料がアメリカには残っていることがあるからです。とても恥ずかしい思いをしました。

子どもと一緒に考えよう！

日本とアメリカは戦争していたのに、どうして今は同盟関係なの？

池上さんだったらこう答える！

第二次大戦後、ソ連や中国との緊張関係が高まり日本の地理的位置がアメリカにとって大事になったから

日本にとって最大の同盟国はアメリカです。今は友好関係ですが、1945年8月15日に日本が降伏するまで、太平洋戦争で敵対していました。

この戦争で甚大な被害を受けたアメリカは、日本を二度と戦争をしない国にしようと考えます。そのため、日本を統治していたGHQ（連合国軍総司令部）は、さまざまな戦後改革を行いました。農地改革、財閥解体、労働組合の設立奨励などです。これには狙いがありました。当時の日本は、とにかく産業が乏しく内需が少ない。だから、消費の場を求めてアジアに進出したのだとアメリカは考えたのです。

農地改革をして、一部の大地主に集中していた土地を農民に広く分け与えれば、もっと働く気になり生産性が上がるだろう。同様に、日本経済を独占していた三井、三菱、住友、安田の4大財閥を解体して、企業に自由な競争を促そう。また、労働組合がつくられれば、給料の引き上げや労働条件の改善に取り組み、賃金が増えて内需拡大に貢献するだろう、というのが狙いです。

また、女性に参政権を認めました。母親たちは子どもを戦地へ送りたくないと考え、国が戦争へ向かうような政策には反対するのではないかというわけです。言うなれば、アメリカのためになるような改革をしたということですね。

さらにGHQは、新憲法の草案をつくりました。それが、戦争放棄をうたった現在の平和憲法の元となったのです。

日米地位協定があると日本の警察力が及ばないことも

ところが、その後、東西冷戦の緊張が高まります。

中国大陸は中国共産党による中華人民共和国が支配し、朝鮮半島には北朝鮮が、さらにはソ連が強大な軍事力を持って東アジアを脅かしていました。そこで地理的に重要視されることになったのが、沖縄です。いざ中国と台湾の間に戦闘が起きても、すぐに軍隊が出動できる。朝鮮戦争が起きてもここから飛行機を飛ばすことができる。アメリカのキーストーン（要石）として、沖縄が東アジア全体ににらみをきかす場所

アジアでの軍事拠点が欲しいアメリカ

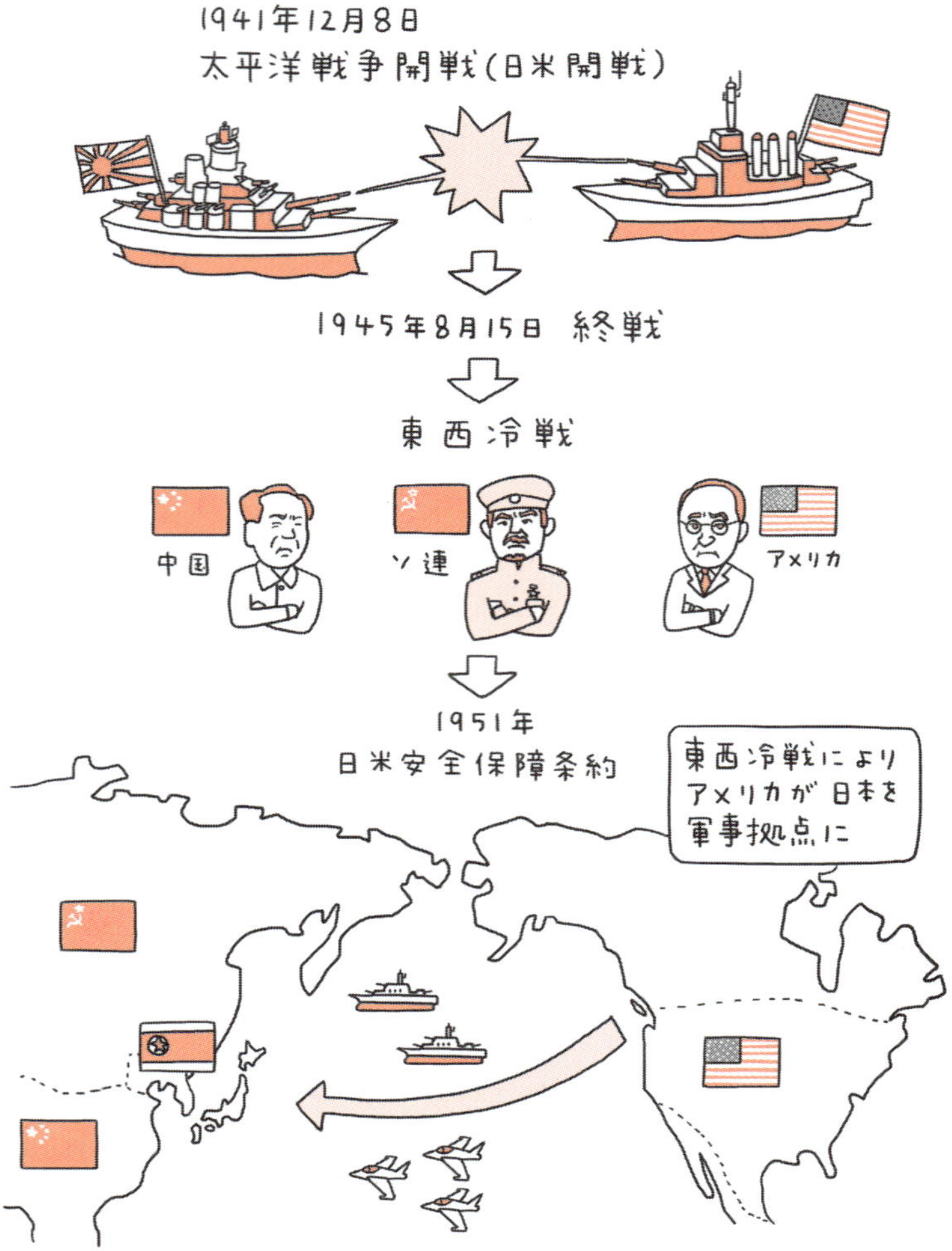

とされたのです。

1951年、日本はアメリカを含む連合国との間にサンフランシスコ講和条約を結び、独立を果たしました。そうなると、他国の軍隊がそのままいるわけにはいきません。そこで、アメリカ政府との間に日米安全保障条約を結び、そのまま駐留してもいいですよ、ということにしたのです。

よく聞く言葉に「日米地位協定」があります。これは、アメリカ軍の日本における法的な地位を確認しておきましょう、というもの。それにより、日本での公務中にアメリカの軍人が犯罪を起こしても、アメリカの法律で裁かれます。プライベートで事件を起こした場合は、現行犯なら日本の警察が逮捕できますが、もし基地に逃げ込んでしまったら取り調べたいと軍に要請するほかないのです。基地内は治外法権です。

沖縄に未だに米軍基地が集中している現状は、決して健全ではないでしょう。それは、国の防衛をこれからどうするべきかという議論でもあります。自分の国のことは、私たち国民一人一人が考えなくてはいけません。

発展編

さらに詳しく知っておこう！

日米関係が密接なため、過去に日本がアメリカと戦争をしていたことを知らない若者もいます。こういう人たちには、「広島と長崎に原爆を落としたのはどこの国かな？」と聞きたいのですが。

第4章

未来の日本が見えてくるニュース

子どもと一緒に
考えよう！

日本で夫婦別姓を選べるようになる？

池上さんだったら
こう答える！

今の法律では、夫婦は同じ姓と決められているが不利益を受けている人たちが裁判を続けています

日本では民法７５０条により、結婚後には夫婦いずれかの姓（氏）を選ばねばならないとされています。とは言え、現実には男性の氏を選び、女性が氏を改める例が90%を超えているようです。一方で女性の社会進出が進み、結婚後に姓を変えると仕事などで不利益を受けるとして、事実婚を選ぶカップルもいます。ただ、事実婚では簡単にできる手続きが煩雑になる、税金の配偶者控除がないなど、なにかと不自由も多いのです。

そこで、事実婚の夫婦らが「どちらかの姓を名乗ることを強いるのは、憲法が保障する個人の尊厳や男女平等に違反する。国が法改正を行わず、精神的苦痛を受けた」として、2011年、国に600万円の賠償を求める裁判を起こしました。

2013年の一審東京地裁判決は、原告の主張を退け、二審の東京高裁判決も憲法違反の主張を認めませんでした。被告らはさらに最高裁に上告。ところが、最高裁は「結婚した男女が同じ姓にすることを定めた民法は、憲法に違反しない」とする初の憲法判断を示したのです。

あくまで「選択的」なのに、変わらない日本

今回審理がなされたのは、最高裁の大法廷でした。中学の公民で習ったと思いますが、最高裁は15人の裁判官で成り立っています。通常、15人の裁判官は5人ずつ3つの小法廷で仕事をしています（偶数だと多数決で決着がつかないからです）。「大法廷」は15人全員が一堂に会して行う審理。過去の判例を変更したり、憲法解釈に関わる重要なことを決めたりする場合に開かれるので、私はてっきり「違憲判決が出るのだろう」と思っていました。ところが、予想に反して合憲の判断でした。

法令等が憲法違反であるとの判決を出す場合は、8人以上の裁判官の意見が一致しなければなりませんが、今回は15人の裁判官のうち10人の裁判官が「合憲」と判断しました。その一方で、女性の裁判官3人は全員が違憲だという判断を示しました。

今どき合憲という判断は保守的な最高裁らしい判断とも言えますが、結局「社会の

結婚で姓が変わると問題も

受け止め方しだい」「姓についての制度のあり方は、国会で論じ、判断するものだ」という内容になりました。そうなると、今後は国会で改正論議すべきでしょう。

夫婦別姓を巡っては、これまで何度も話が持ち上がっては消えてきました。

国は「結婚後の姓の決定は夫婦の協議に委ねられており、婚姻の自由の侵害や男女差別には当たらない」と主張し、また「家族の絆を壊す」など懸念の声も多く、国民の意見も割れているからです。ただ、選択的夫婦別姓制度は別姓を強いるものではなく、あくまで希望する人には認めようというものです。不自由な思いをしている人がいるなら、そういう選択肢も考えられるはずです。

この判決のあとも、夫婦別姓に関する訴訟は続いています。

ちなみに、法律で夫婦同姓を義務づけている国は、先進国では日本以外にありません。社会全体で考えるべき課題なのです。

発展編

さらに詳しく知っておこう！

ちなみに同性婚を認めるかどうかは、また別の議論です。憲法第24条で、「結婚は、両性の合意のみに基づいて成立し、」と規定されているので、現行憲法では同性婚は認められていないというのが政府の見解です。

子どもと一緒に考えよう！

公的年金の保険料を払っても、自分たちの時代はもうもらえない？

池上さんだったらこう答える！

制度改革は必要だけれど、年金は保険料を納め続けていればもらえます

若い人の間には、「どうせ自分たちの世代は年金なんてもらえない」と、年金保険料を払いたくないという声があるようです。本当にそうでしょうか。

まずは年金制度のおさらいをしましょう。

よく「年金は3階建て」と言われます。まず1階部分に当たるのが「国民年金（基礎年金）」。これは20歳から60歳までの日本に住むすべての人に加入の義務があります。

さらにその上乗せに当たる「厚生年金」。会社員や公務員が加入しています。つまり、会社員や公務員の人は国民年金にも同時に加入しているのです。その上の3階部分は、会社が独自に用意している企業年金や、公務員が受け取れる年金払い退職給付。また、確定拠出年金もこの3階部分に当たります。

以前は、年金を受け取るためには25年間の年金保険料の納付が必要でした。20歳から60歳までの40年間、1カ月も欠かすことなく保険料を納付すれば、満額の老齢基礎年金（国民年金）を受給できる仕組みだったのです（学生には在学中の保険料の納付が猶予される「学生納付特例制度」があります）。

しかし、この納付期間が10年に短縮されました。政府は、年金保険料を払う人を増やしたいのでしょう。25年を10年にすれば、すでに45歳や50歳になり、「今さら払ってもらえない」と払っていなかった人が払い始めるかもしれません。納付率を上げて、何とか年金制度を支えたいのです。

少子高齢化の日本にとって、年金制度改革は待ったなし

では、若い人が年金保険料を払うのは本当にもったいないのでしょうか？

将来年金を払いますよと言って国が年金保険料を集めている以上、それをしなければ重大な裏切りになります。だから、保険料を払っている人は必ずもらえるでしょう。

しかも、国民年金を払うために今は税金が投入されています。もし、もったいないからと保険料を払わないでいれば、将来年金がもらえないだけでなく、自分が払った税金が他人の年金支給に使われることになるのです。

年金は3階建て

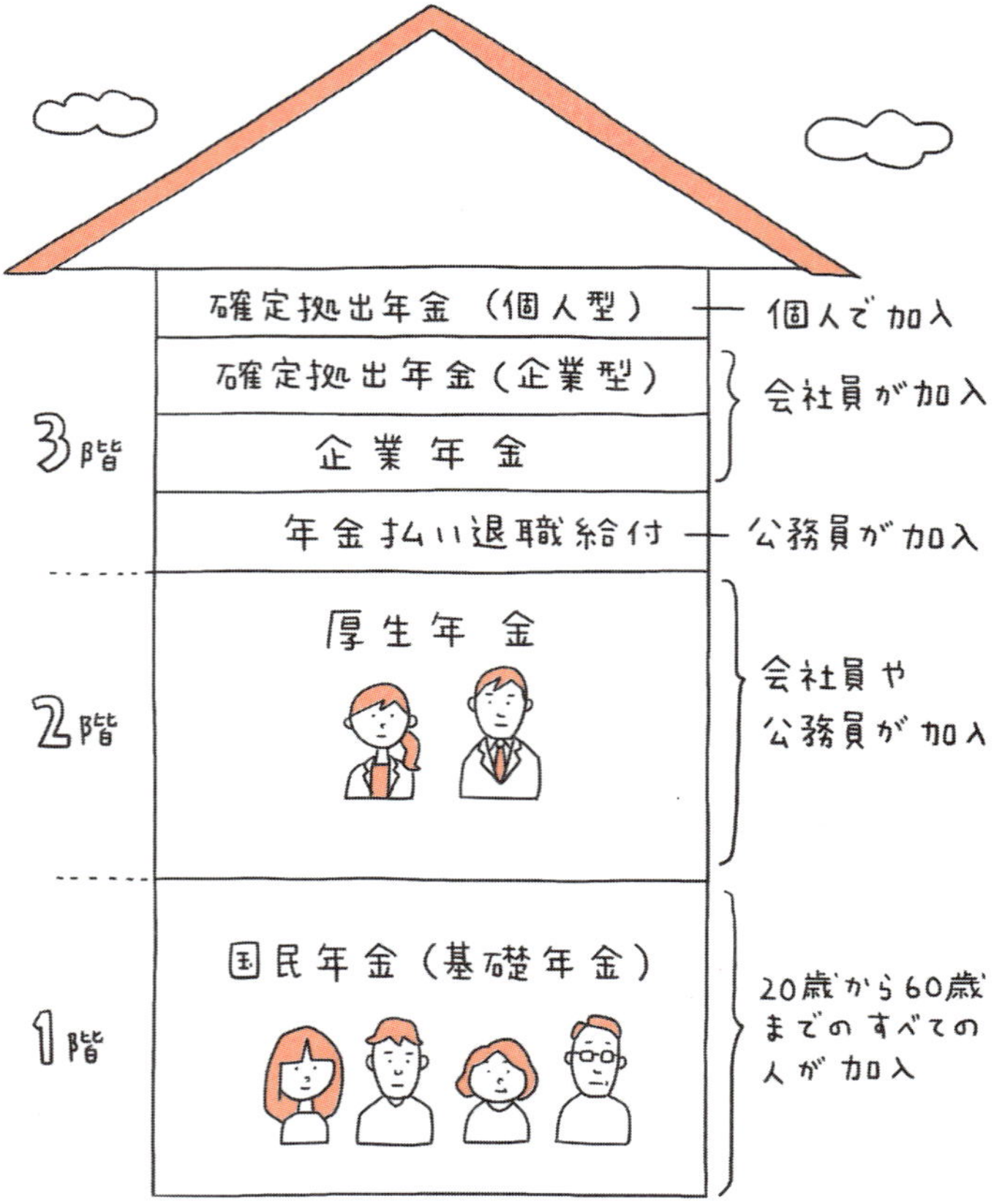

日本の年金制度は3階建て。
基礎となる国民年金に
各種年金が乗る仕組み

本来、年金は「保険」ですよね。保険とはリスクに備えるもの。年金保険とは、長生きして生活するためのお金が足りないときに備えるものです。公的な介護保険だって、ずっと保険料を払っていても介護状態にならなければ使えません。でも介護状態にならないことを「もったいない！」とは言わないでしょう。

年金制度の維持には、確かにいろいろな問題があります。一生元気なら介護保険を使わなくてすむように、十分な蓄えがある人には年金を支給しないというような仕組みに変えていくのも、一つの案かもしれませんね。

実は、世界には年金がない国もあります。近隣アジアでは、韓国や中国もまだ未整備のまま。本来、発展途上だった国が先進国として豊かになるまでの間に社会保障制度がつくられるものですが、中国はそうなる前に高齢社会に突入してしまいました。それに比べると、日本は恵まれているのです。

発展編

さらに詳しく知っておこう！

年金に入っていると、障害が残るけがや病気になった場合、生涯にわたって「障害年金」が受け取れます。まさに保険の機能があるのです。

子どもと一緒に考えよう！

日本では現在、どんな技術が注目されているの？

池上さんだったらこう答える！

人手不足解消のため、ドローンやロボットなど先端技術の開発が今後急ピッチで進むでしょう

未来につながる新しい技術がどんどん開発されています。

たとえばドローンです。火山の噴火を上空から撮影したり、自然災害で交通インフラが寸断され人が現場に近づけない場合にも、ドローンを飛ばして被害を把握することができたりします。人命を危険にさらすことなく撮影ができる点では、非常に有効です。

テレビのロケにも欠かせません。以前、名古屋市の熱田神宮で許可を得てロケをしたのですが、小型カメラを搭載したドローンが地上からすーっと上がって、熱田神宮を上空から撮影しました。かつては数百万円単位のお金をかけクレーンを使わなければ撮れなかった映像を、ドローンを使えば低コストで簡単に撮ることができるのです。

日本ではすでに離島に医薬品を送るのに使われていますし、世界最大級のネット通販会社Ａｍａｚｏｎはドローンを使っての宅配サービスを検討しているとか。

ロボット技術へも期待が集まっていますね。例えば、介護や建設などの現場で人間を補助してくれる装着型ロボット。「感情エンジン」を搭載し、人間とコミュニケーションができる癒し系ロボット。今では接客をロボットに任せるお店も増えました。

組み立て用ロボットにも名前をつけるのは日本独特のカルチャー

そもそも日本で「ロボット」と言うと、「産業型」と「人間型」の2通りがありました。

産業型とは、自動車の組み立て工場などで、手がクネクネと曲がって人の代わりに作業を行うような機械装置です。でも、日本人はこのアームだけの産業用ロボットに「百恵ちゃん」や「聖子ちゃん」といった名前をつけました。擬人化したのですね。これは「鉄腕アトム」の影響と言われています。日本には猫型ロボット「ドラえもん」もいましたね。

産業用ロボットはアメリカが生みの親ですが、アメリカにはロボットを慈《いつく》しむといった文化はありません。むしろ海外では、ロボットが人間を襲ってくるという「悪」のイメージが強いのです。映画『2001年宇宙の旅』でも、人間に逆らうのが人工

続々と開発される新技術

ドローン

高所からの撮影

医薬品の発送

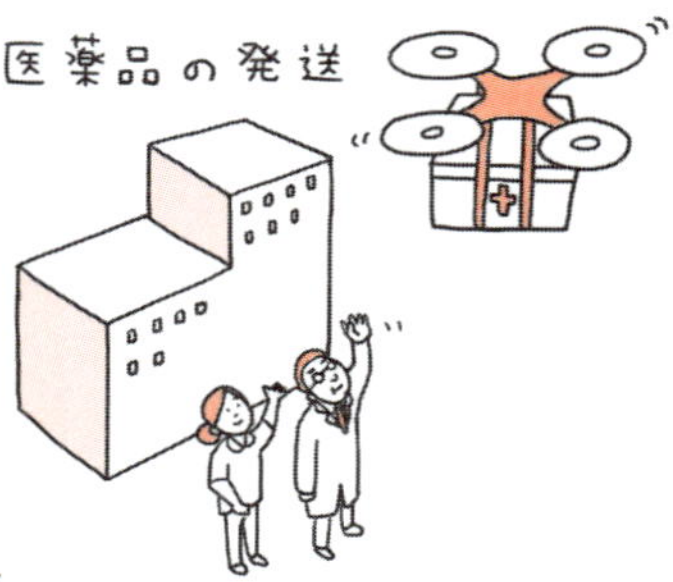

装着型ロボット

介護

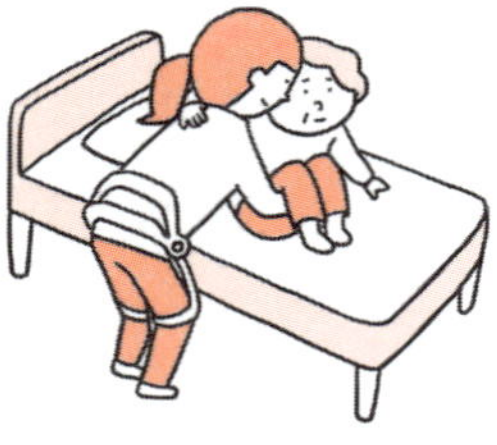

建設現場

新技術が人間を助け
新しい未来を開いている

知能「HAL（ハル）9000」です。ちなみにHALは「IBM」をアルファベット順で1文字ずつ前にずらして命名したとか。

装着型ロボットは、もともとはアメリカで60年代、軍事用として研究が始まったものです。兵士は身に着けるものが多く、防弾チョッキだけで20キロですから、動くだけで疲れます。そこで兵士が着用し、足腰の負担を軽くする目的で作られたのが、パワーアシストスーツです。

基本技術は同じなのでこれを日本では介護用に転用しました。この装着型ロボットをつければ、重い荷物も、介護が必要なお年寄りも軽々と運べます。

少子高齢化が進む日本では、人手不足が大きな問題になっています。その対策として期待されているのがこれらの技術です。

宅配はドローンや自動運転の車で届けられ、ひと言声をかければ人間型ロボットが受け取りに行ってくれる――そんな未来はすぐそこまで来ています。

発展編

さらに詳しく知っておこう！

ロボット技術が進めば進むほど、では人間に残される仕事とは何かが問われます。まさかその答えをロボットに聞くわけにいきませんから。

子どもと一緒に
考えよう！

ノーベル賞を受賞する日本人はこれからも増えていく？

池上さんだったら
こう答える！

21世紀に入り、日本の自然科学3賞受賞者数は世界2位に。研究には時間がかかるので、将来の種をまくのも大事です

２０１８年のノーベル生理学・医学賞に、京都大学の本庶《ほんじょ》佑《たすく》特別教授が選ばれました。私が講義を受け持っている東京工業大学の大隅良典栄誉教授が２０１６年に受賞して以来2年ぶりの快挙です。

日本のノーベル賞受賞は、２０１４年に物理学賞を受賞した赤崎勇、天野浩、中村修二の3氏と、15年の大村智氏（生理学・医学賞）と梶田隆章氏（物理学賞）、そして２０１６年の大隅教授と、このところ日本人の受賞が続いています。本庶氏で合計26人（米国籍を含む）となりました。

そもそもノーベル賞とは、ダイナマイトの発明者であるアルフレッド・ノーベルの遺言に基づいて創設された賞です。

当初は物理学賞、化学賞、生理学・医学賞、文学賞、平和賞の計5部門からなり、あとから経済学賞が追加されました。ただ厳密に言うと、経済学賞はノーベル賞ではありません。先の5部門の賞金は、ノーベルの遺産をノーベル財団が運用して出た利益から拠出されるのに対して、経済学賞はスウェーデン国立銀行が拠出しています。「ノーベルを記念したスウェーデン銀行賞」なのです。

ノーベル賞は「生きている人」しか受賞できず、日本人で経済学賞の受賞者はまだゼロ。文学賞は2人、平和賞は1人となっています。

これに対し、ノーベル物理学賞、ノーベル化学賞、ノーベル生理学・医学賞の3つを合わせた「ノーベル自然科学3賞」の受賞者は22人（米国籍の南部陽一郎氏と中村修二氏を含む）もいます。

研究の面では中国に追い抜かれつつある日本

受賞者の国籍の歴史的推移を見ると、今世紀に入ってから、日本人の自然科学3賞受賞者は米国に次いで2番目に多くなっているのです。

その背景には何があるのか。文部科学省は10年以上前、ノーベル賞受賞者を大量に生み出そうという戦略を立てました。2002年に田中耕一氏が化学賞を受賞したあ

21世紀のノーベル賞受賞者

2001年	化学賞	野依良治
2002年	物理学賞	小柴 俊
	化学賞	田中 耕一
2008年	物理学賞	小林 誠・益川 敏英・南部 陽一郎
	化学賞	下村 脩
2010年	化学賞	根岸 英一・鈴木 章
2012年	生理学・医学賞	山中 伸弥
2014年	物理学賞	赤崎 勇・天野 浩・中村修二
2015年	物理学賞	梶田隆章
	生理学・医学賞	大村 智
2016年	生理学・医学賞	大隅良典
2018年	生理学・医学賞	本庶 佑

ノーベル賞

物理学、化学、生物学・医学、文学、平和、経済学において顕著な功績を残した人に贈られる賞。

ダイナマイトの発明者として知られるアルフレッド・ノーベルの遺言に従って1901年から始まった

たりから、「さあ、これから大量に輩出するぞ」というわけで、国がバックアップを始めたのです。具体的には、英語の論文を出すように推奨したり、国際学会へ参加するための費用を負担したり。それが今、実を結んでいるのです。すぐれた論文を書いても、日本語では賞は取れません。村上春樹氏が文学賞候補に毎年のように名前が挙がるのは、彼の作品が多数英語に翻訳されているからです。その点、経済学の論文を英語で書く日本の学者はまだ少ないのでしょう。

自然科学の分野で日本に追いつき追い越そうとしているのが中国です。巨費を投じて優秀な研究者を育成し、発表する論文数もどんどん増えているのに比べ、日本政府は大学への交付金を減らしています。大隅教授も本庶教授も、そうした状況に異議を唱えています。研究者たちは深い危惧を抱いているのです。

昨今、子どもの理科離れが指摘されています。ノーベル賞のニュースに刺激を受けて科学者を目指してくれるとよいのですが。

発展編

さらに詳しく知っておこう！

ノーベル賞の受賞者の研究の多くは数十年前のもの。画期的な研究成果が本物なのか確証が得られるまで時間がかかるからです。ノーベル賞を取るには長生きも必要なのです。

子どもと一緒に考えよう！

国立大学から文系の学部が減るって本当？

池上さんだったらこう答える！

文部科学省が国立大学に「人文科学系の見直し求める」と通知。すぐに役に立つ学問ばかりでいいのかは疑問です

子どもの成長につれ、重くのしかかる教育費。自分の子には「できれば国立大学へ進んでほしい」と願っている親御さんも多いのではないでしょうか。

しかし、その国立大学が変わります。文部科学省は2015年に全国の国立大学に対し、教員養成系、人文社会学系（文学部・教育学部・法学部・経済学部）の学部や大学院について廃止や社会的要請が高い分野への転換に努めるように求めた通知を出したのです。

まるで「国立大学は理工系か医療系に力を注ぎなさい。だって文学部なんて出て何の役に立つの?」と言っているようではありませんか。

発端は、文部科学省が2014年10月に開いた有識者会議です。そこで出た意見は、「日本の大半を職業訓練校にするべきだ」というものでした。

「そもそも日本の大学教育は、社会のニーズに十分対応していない。教養は大学でなくても、本でもインターネットでも高められるのだから、大学ではもっと実学を重視すべきだ」という主張です。つまり、社会に出てすぐに戦力になるような技術や知識を持った人材を育てるべきだというのでしょう。

しかし、私が視察したアメリカのハーバード大学やMIT(マサチューセッツ工科大学)などの有力大学は、どこも教養科目に力を入れています。

すぐに役に立つ学問は、すぐに陳腐化してしまう。そんなものを大学で勉強しても、社会に出て役に立つのはせいぜい数年だ、と言うのがその理由です。

日本でも教養を重視するリベラルアーツ教育を取り入れる大学が増えているのに、文科省の通知はその動きに逆行するものでした。

文科相の言うとおりにしないと運営費が減っていく

日本の国立大学は2004年に現在の国立学校法人となりました。これに伴い、大学も「自分で稼ぐ」ことが求められるようになりました(ただし、今も国立大学の収入の3割から4割程度は国の運営費交付金で賄われている)。

国立大学が実学重視へ

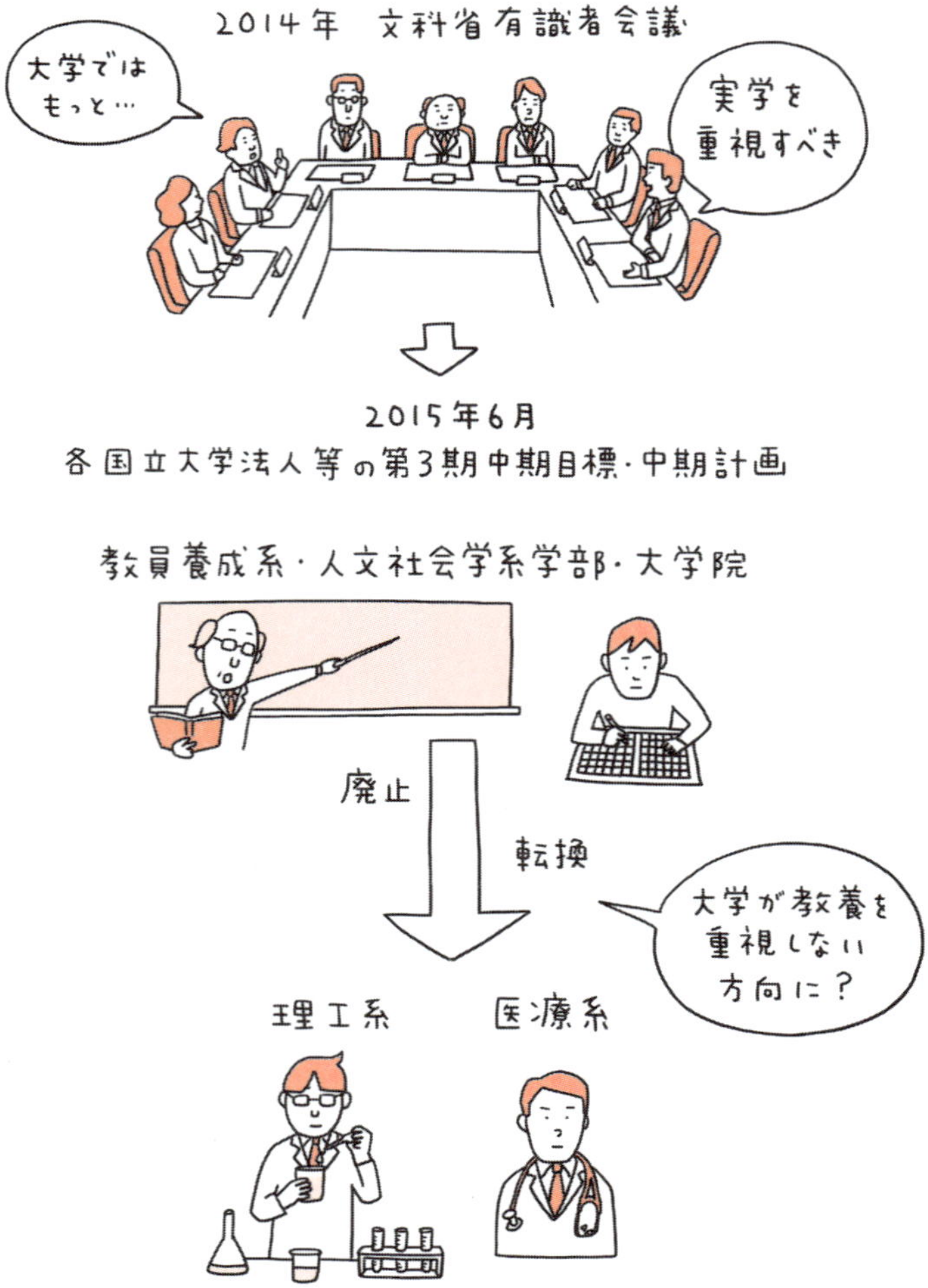
2014年　文科省有識者会議
大学ではもっと…
実学を重視すべき
2015年6月
各国立大学法人等の第3期中期目標・中期計画
教員養成系・人文社会学系学部・大学院
廃止
転換
大学が教養を重視しない方向に？
理工系
医療系

東京大学などは予算獲得のためのメンバーを増やし、いろいろな企業から寄付を募って財政は豊かになっています。しかし、全国に86ある国立大学すべてがそうはいきません。むしろ、国の財政状況の悪化に伴って運営費交付金が毎年1％ずつ減らされ続けているので地方大学は厳しい状況です。結果、地方と都市の教育格差がさらに広がるのではないでしょうか。

議論の中では、運営費交付金の分配が一律であることが、国立大学で競争原理に基づいた改革が進まない原因だといった意見も出ました。

結局、国は経済界が採用したい人材をつくりたい。そのため、文部科学省としては全国の大学の取り組みに応じてメリハリをつけた分配をしたいと考えているのです。

各大学は、「この改革は不本意だ」と思っていても生き残りを懸け、改革に取り組むことが求められています。

発展編

さらに詳しく知っておこう！

文部科学書の通知は、「大学教育に教養はいらない」とでも言っているかのようです。教養を身につけていなかった人たちが文科省の役人になったのかと思ってしまいます。

子どもと一緒に考えよう！

高校で学ぶ歴史の内容がこれまでと変わる？

池上さんだったらこう答える！

日本史を知らない学生が増えたことへの反省で、必修科目として日本と世界の近現代史を学ぶ方針へ

2020年度から小中高校の学習指導要領が変わります。

学習指導要領とは、小中高、それぞれの教育内容をどのようなものにするかを示した国の基準で、ほぼ10年ごとに改定されています。前回の改定は2008〜2009年（実施は小学校11年度、中学校12年度、高校13年度）でした。11年度以降、順次実施された現行の学習指導要領は、学力低下を招いたとされる「ゆとり教育」の反省から、小中学校の学習内容が大幅に増やされました。「学力低下」の証拠はなかったのですが。

次回の改定では、国際化とプログラミングがカギです。

まず、小学校では英語が3年生から必修になり、5～6年生では正式教科になります。さらに中学校では授業も英語で行うことになります。英語を英語で教えるのです。さらには、プログラミング教育もスタートします。

また、高校の必修科目を抜本的に見直します。

具体的には、世界史の必修をやめる代わりに「歴史総合」（仮称）を新設します。近現代史を中心に、日本と世界の歴史を合わせて学ぼうというものです。

日本史を知らない人が増えてしまった？

ヨーロッパでは「歴史」は1つ。「日本には、世界史と日本史があるんだよ」と言うと驚かれます。

現在、日本では世界史が必修で、日本史と地理からもう1科目を選択する仕組みになっています。というのも以前、日本史と世界史のどちらを必修にするかで大きな議論となったことがあったからです。結果、「グローバル時代は外国のことを知らないとまずい」と世界史が必修となったのです。

ところが、そうなると日本史が中学生レベルのまま社会に出る人もいます。グローバル化で海外の人と交流する機会が増え、外国人から自国の歴史について聞かれても答えられない……という状態になってしまったのです。

「グローバル時代は、本当は日本史を学ばなければならなかったのでは？」という批

高校社会の必須科目が変わる

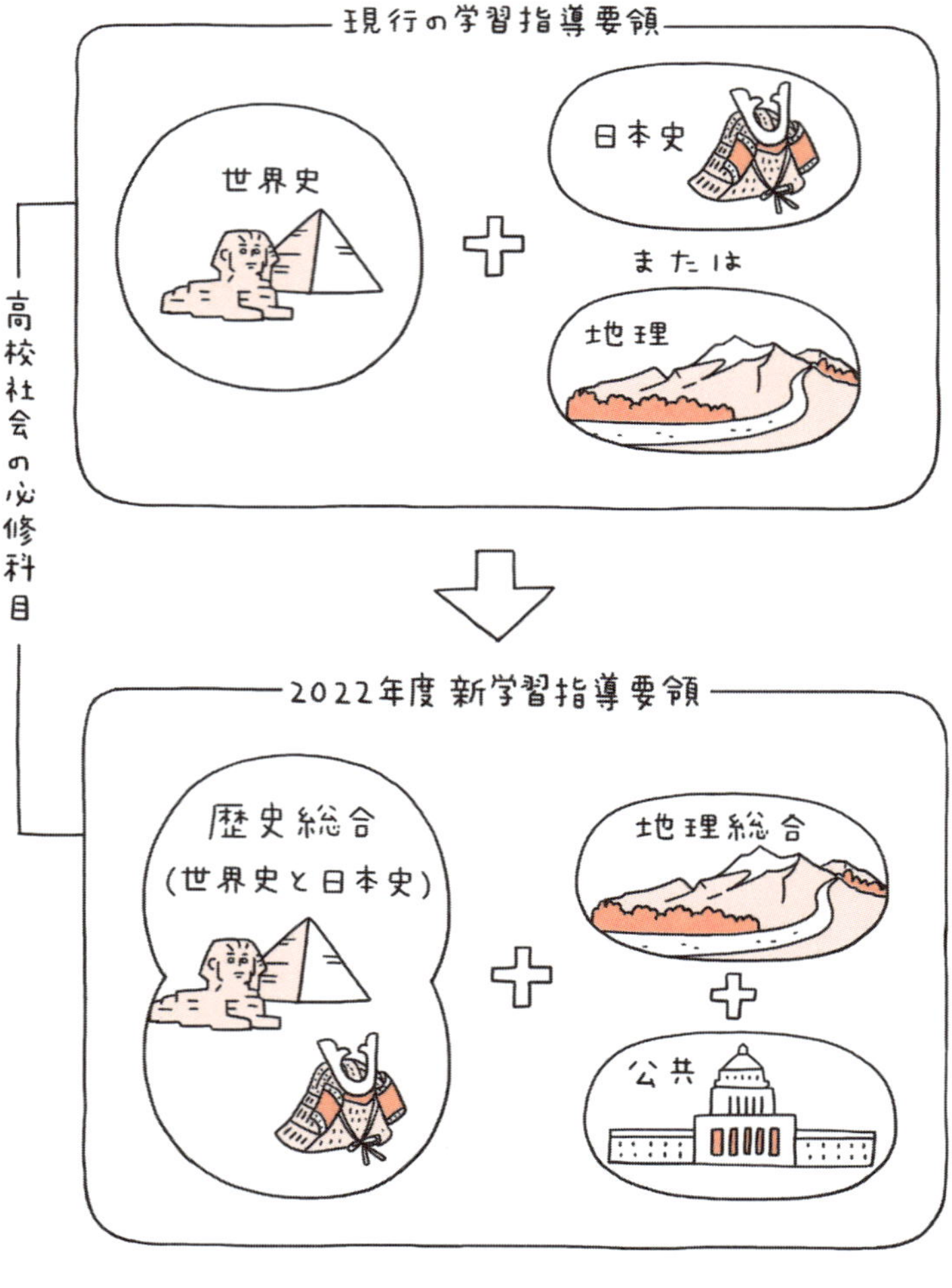

判もあり、やはり日本史も必修化しようということになったのです。

では地理をなくしていいの？となると、今度は地理の先生が黙っていません。そこで今回、世界史と日本史を一緒にした「歴史総合」と「地理総合」（仮称）を必修にしたというわけです。

これまでの日本史の授業では縄文時代や弥生時代に時間を割き、昭和以降は「各自、教科書を読んでおけ」などと言われ、近代史の知識が不足していました。独自の歴史観を掲げる中国や韓国に対して、自国の立場を主張できる日本人を育成したいという狙いもあるのでしょう。

さらに、選挙権年齢の18歳引き下げを踏まえて、選挙など政治参加について学ぶ「公共」（同）も必修になります。若い世代に社会保障について知ってほしいと、年金や健康保険なども幅広く学びます。

新指導要領に基づく授業開始は、小学校が20年度、中学が21年度、高校が22年度からの見通し。切り替わりの年に当たる児童生徒は戸惑うことが多くなるでしょう。

発展編

さらに詳しく知っておこう！

日本の若者には近現代史の知識が圧倒的に不足しています。第2次世界大戦後、日本と世界はどのような道を歩んだのか歴史を知らなければ未来を見ることができません。

子どもと一緒に考えよう！

政府はキャッシュレス化を進めたいようだけど、その理由は？

池上さんだったらこう答える！

日本は現金での支払いが多く、外国人にはそれが不便。東京五輪で訪日する外国人のためという理由もあるけれど…

日本ではまだ「買い物は現金払い」派が主流です。ところが世界を見渡すと、現金を使わずに支払いを行うキャッシュレス化が加速しています。

経済産業省によれば、2015年の時点で欧米のキャッシュレス比率は40～60％程度。すでに韓国のようにほぼ90％に達する国もある一方で、日本は20％以下にとどまっています。

ちなみに中国は約60％。中国から日本に来た観光客が「日本に来たら財布を買わなきゃいけない」と不便がっているとか。

政府は「キャッシュレス推進協議会」を立ち上げ、消費者・事業者双方への啓発や、支払い方法の標準化などに取り組む姿勢でいます。

今でもさまざまなキャッシュレス支払いの手段があります。Ｓｕｉｃａなど交通系電子マネーもあれば、リアルタイムで支払いができるデビットカードもあり、クレジットカードは誰もがたいてい複数枚持っていますね。さらに、続々増えているのがスマホを使った支払いアプリです。

手段はいろいろあるのに、なぜ日本でキャッシュレス化が進まないのか。日本は偽札の流通が少なく、お金に対する信頼性が高い国です。ＡＴＭもたくさんありますし、財布を落としても返ってくる治安のよさもあるでしょう。

中国は偽札が多く、日本のような清潔さもありません。その中国でキャッシュレス化を猛烈に後押ししたのが、ＱＲコードの存在です。店の口座情報を示したＱＲコードをスマホに読み込み、金額を打ち込んで送信すれば、口座からの支払いが完了。もちろん使う側は便利ですが、店側にもメリットがあります。最初に決済端末を導入する必要がありませんし、手数料も安くできます。現金を使わなければ、面倒な売上金を計算する手間もコストも省けます。お客が自分で決済してくれるコンビニやファミレスも登場しており、人手不足対策にもつながるわけです。

進むキャッシュレス化

カードで
お願いします
スマホで
払います
中国では
QRコードを
読んで支払い
名前 店 金額
○○□□□ ××× ○○○○円
□□△△△ ○○△ ○○○○円
□×△□□ △○○ □△○○円
買い物をした店、
金額などの
データが残る
政府が
国民の経済活動
全体を把握？
¥

便利さのウラに監視社会の懸念も

ただ、利用者にとってはメリットばかりとは言えません。

スマホ1つで何でも決済できるということは、買い物履歴すべてが、サービスを提供する会社にデータとして残ります。中国では店舗での支払いはもちろん、各種公共料金やローンの返済、納税などあらゆる決済をスマホで行います。膨大な利用履歴から買い物の金額はもちろん、職業、人間関係まで分析できてしまうのです。

このデータを活用し、なんと個人の信用力を点数化しているのが中国のアリババグループです。点数の高い客になればさまざまな優遇が受けられるとか。支払い能力のある経済力が高い人と判断されれば、優良顧客として扱ってもらえるわけです。

日本は2025年までにキャッシュレス比率を40％に拡大し、将来は80％を目指す方針です。産官で手を組んで熱心に進めるのは、将来、政府が国民の経済活動全体を把握しようという深謀遠慮の一環にも見えてきます。

発展編
さらに詳しく知っておこう！

キャッスレス化が進むスウェーデンに行ったときのこと。何でもクレジットカードで簡単に支払いができる結果、いくら使ったのか把握できなくなってしまいました。これなら消費が進みそうです。

子どもと一緒に
考えよう!

マイナンバー制度ってどうして必要なのかな?

池上さんだったら
こう答える!

一人一人の所得や年金などを正確に把握することで、ずるのない適正なサービスを提供するためです

マイナンバー制度がスタートしたのは2015年。

これは社会保障・税番号制度とも言い、生まれたばかりの赤ちゃんからお年寄りまですべての国民に1人1番号をつけるというものです。住所が変わっても、結婚して名前が変わっても、この番号は一生ついてまわることになります。

もともとは年金、労働、福祉、医療、住宅、税金などの情報を、その番号にひもづけて一元的に管理しようという考えでスタートしました。これまで、年金には基礎年金番号、健康保険には保険者番号、住民票には住民票コードというように、1人に対しバラバラの番号が割りふられていました。それをマイナンバーだけで管理することで、行政の作業が効率化でき、国民も手続きが楽になるというのです。

1980年代には「グリーン・カード」という名称で全国民に番号を割りふって所得を把握しようとしましたが、反対運動に遭い、挫折してきました。一度は法律が通り、埼玉に何億円もかけた大型のコンピュータセンターまでできていたのですが、当時の民社党の春日一幸氏が「管理主義的なことはよろしくない」と言いだし、自民党も「そうだ、そうだ」と同調して、成立していた法律を廃止する法律までつくって白紙にした歴史があります。再び浮上したのは民主党政権時代。消費税増税に伴う低所得者対策として「給付つき税額控除」を実施するにはどうしても各人の「所得の正確な把握が必要」という目的で法案が出されましたが、その後政権が変わり、安倍内閣時代にやっとマイナンバー法が成立したのです。

マイナンバー制度は国税庁の悲願だった

もともとの国の狙いは、「納税者番号」として使うことでした。

「クロヨン(9・6・4)」とか「トーゴーサン(10・5・3)」とかいう言葉がありますよね。これはサラリーマン、自営業者、農業従事者の税の業種間格差、不公平感を表わす言葉です。

サラリーマンは税が源泉徴収されるので所得が9割方把握されているのに、自己申

各種番号を1つにまとめる

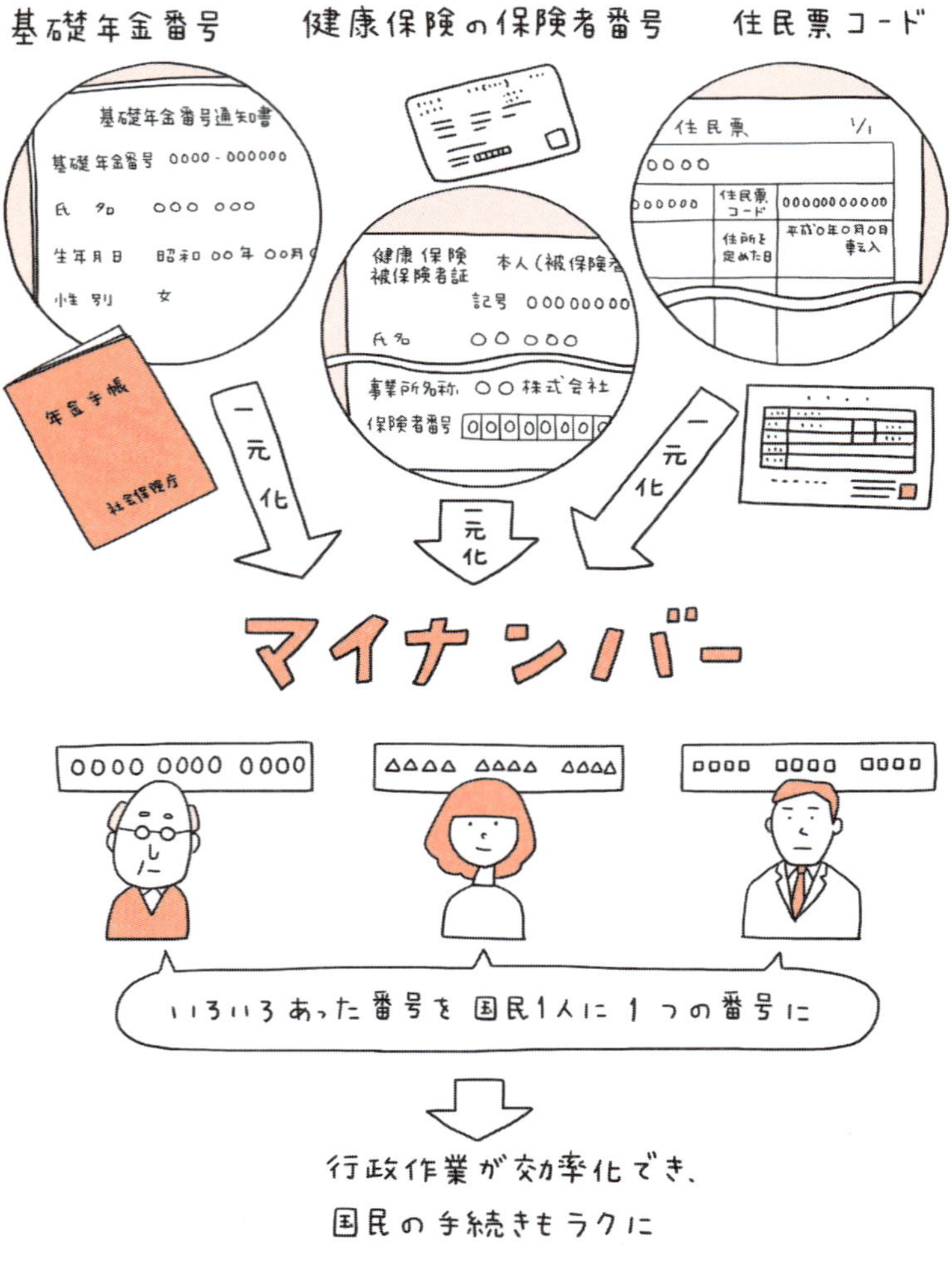

告である自営業者は6割、農業従事者は4割程度しか把握されていない。何とか所得を正確に把握し、脱税を防ぎたいというのが国税庁の悲願だったのです。

2018年からは、銀行口座へのひもづけもスタートしました。現時点ではまだ努力義務ですが、投資信託などの取り引きにはすでにマイナンバー提出が必要です。国は今、お金持ちの高齢者には医療費や介護サービス費の自己負担をもっとしてもらいましょうという方向に進んでいます。現在は収入のある人だけが対象のようですが、この先マイナンバーで資産全体の把握が進めばどうなるでしょうか。

ただ、心配なのは情報漏えいとなりすまし問題です。サイバー攻撃による情報流出事件が相次ぐ昨今では、マイナンバーの管理体制に信頼が置けないという声もあります。

まだまだ道のり半ばのマイナンバーですが、もれなくきっちり税金を取るという目的のためには、国は粛々と進めていくことでしょう。資産がガラス張りにされるのではと、お金持ちは戦々恐々としているかもしれませんね。

発展編

さらに詳しく知っておこう！

こういう大事な数字のことを、なぜマイナンバーなどと横文字で呼ぶのでしょうか。日本語で言えば「個人識別番号」。これでは管理されている感じが強くなってしまうからでしょうか

第5章

ニュースの送り手・メディアについて考える

子どもと一緒に考えよう！

新聞はなぜ誤報をするの？

池上さんだったらこう答える！

スクープを狙う姿勢は、ときに記者を暴走させ大誤報を生むことも

「新聞に書いてあることは常に正しい」と、思ってしまいがちですね。しかし、新聞に誤報はつきものです。私がコラムの連載をしている朝日新聞は、2014年に2つの誤報問題によって大きく信頼を損ないました。

まず、朝日バッシングの発端となった「従軍慰安婦問題」に関する誤報は、かつて日本の植民地だった朝鮮半島で、戦争中、「慰安婦にするため、女性を無理やり連行した」とする吉田清治氏（故人）の「吉田証言」が虚偽だったというもの。

吉田氏には虚言癖があったのですが、朝日新聞の記者は彼の証言をうのみにして書いてしまったのです。

加えて、もう1つの「吉田事件」とでも言うべき「吉田調書」を巡る誤報は、福島原発の吉田昌郎元所長（故人）の待機命令に違反して「部下の大部分が第2原発に撤退した」と報道したことです。これが事実と違っていたというわけです。

吉田証言について言えば、彼の証言だけで記事を書くのではなく、きちんと取材をして裏を取るべきでした。

吉田調書の問題は、明らかに記者の勝手な思い込みです。どこかに「東京電力をたたきたい」という気持ちがあったのではないかと思います。

朝日新聞ばかりが批判されていますが、その朝日を批判している読売新聞にも「iPS細胞誤報」がありました。ハーバード大学客員講師と称する人物が「iPS細胞を使った世界初の心筋細胞の移植手術を実施」と、1面トップで大々的に報道しました。しかしiPS心筋移植は虚偽とわかり、おわびを掲載しました。

産経新聞には「江沢民死去」の大誤報があります。中国の江沢民元国家主席は2018年現在も健在です。

わざと大げさに書くこともある。興味のある問題は読み比べて

なぜこんな誤報が相次ぐのでしょうか。記者の世界は「スクープ合戦」です。スクープを抜かれるということは、記者にとってたいへんな屈辱です。

新聞の激しいスクープ競争

私にもそうした経験があります。テレビや新聞の記者は、まず「サツ（警察）回り」から始まります。私も毎晩のように夜回りに明け暮れました。夜回りとは、夜遅くに帰宅する捜査員を自宅前で待ち受けて取材することです。夜の1時まで待つのはざらで、結局空振りに終わることもあります。たとえ捕まえても簡単に話をしてくれるわけもなく、むなしく家に戻ってきてやっと寝るのが午前2時や3時ごろ。

ところが、他社の朝刊に特ダネが出ていたりでもしたら朝の5時に上司からの電話でたたき起こされます。「何やってるんだ！　すぐに追いかけろ！」とドヤされます。抜くか抜かれるか。記者たちはそういう世界にいるのです、

特ダネには2種類あります。それが書かれなければ世の人が知ることがなかった特ダネと、いずれ発表されるものをより早く書く特ダネ。日本の場合は、大体後者です。他社との競争はもちろん、社内でも競争です。自分の書いた記事を少しでも大きく扱ってもらおうと思うと、どうしてもセンセーショナルになりがちなのです。

発展編

さらに詳しく知っておこう！

最近は新聞に対する信頼が下がり、「ネットにこそ真実がある」と思っている人もいますが、ネットの情報は玉石混交。むしろ信頼できないことも多いことを忘れませんように。

子どもと一緒に
考えよう！

なぜ新聞は軽減税率の対象になるの？

池上さんだったら
こう答える！

欧米では、新聞は軽減税率の対象に。「文化には税金をかけるべきではない」との理由です

２０１９年10月から、消費税が現行の8％から10％に引き上げられます。これに伴い、軽減税率が導入されることも決まっています。

軽減税率とは、生活必需品の税率を低くしようというもの。というのも、例えば小遣いが10万円の人がコンビニで３００円の弁当を買って10％に当たる30円の消費税を取られるのはそれほど負担に感じなくても、小遣いが１０００円の中学生が３００円の弁当を買って30円の消費税を取られるのは大きいからです。

消費税の税率がアップすると、給料が少ない人ほど負担感が増える。これを「逆進性」と言います。軽減税率は、収入の低い人の負担をなるべく減らすようにするのが狙いです。これの対象になれば、増税が実施されても8％のままで据え置かれます。

そこで焦点だったのが、消費税の軽減税率を何に適用するかでした。軽減税率の対象品目として決まっているのは、「酒類と外食をのぞく飲食料品」、そして「週2回以上発行する新聞を定期購読する場合」です。

なぜ、「新聞」を軽減税率の対象にしたのでしょうか。

欧米をはじめ先進諸国では「文化に対して税金をかけるべきではない」との理由で新聞を軽減税率の対象としています。

日本では最初、税率を10％に引き上げる際の低所得者対策として、軽減税率ではなく、あとから税金を還付する案が検討されていました。これなら、税率は一律でも逆進性を防ぐことができます。

しかし日本新聞協会、とりわけ読売新聞がこれに猛反発しました。部数が減っているのに税金が上がると、ますます解約が増えることを恐れたのでしょう。

軽減税率の対象になると、権力批判ができなくなる？

日本新聞協会の白石興二郎会長（当時）はその決定を受け、「新聞は報道・言論によって民主主義を支えるとともに、国民に知識、教養を広く伝える役割を果たしている。このたびの与党合意は、公共財としての新聞の役割を認めたものであり、評価したい」

新聞は軽減税率の対象

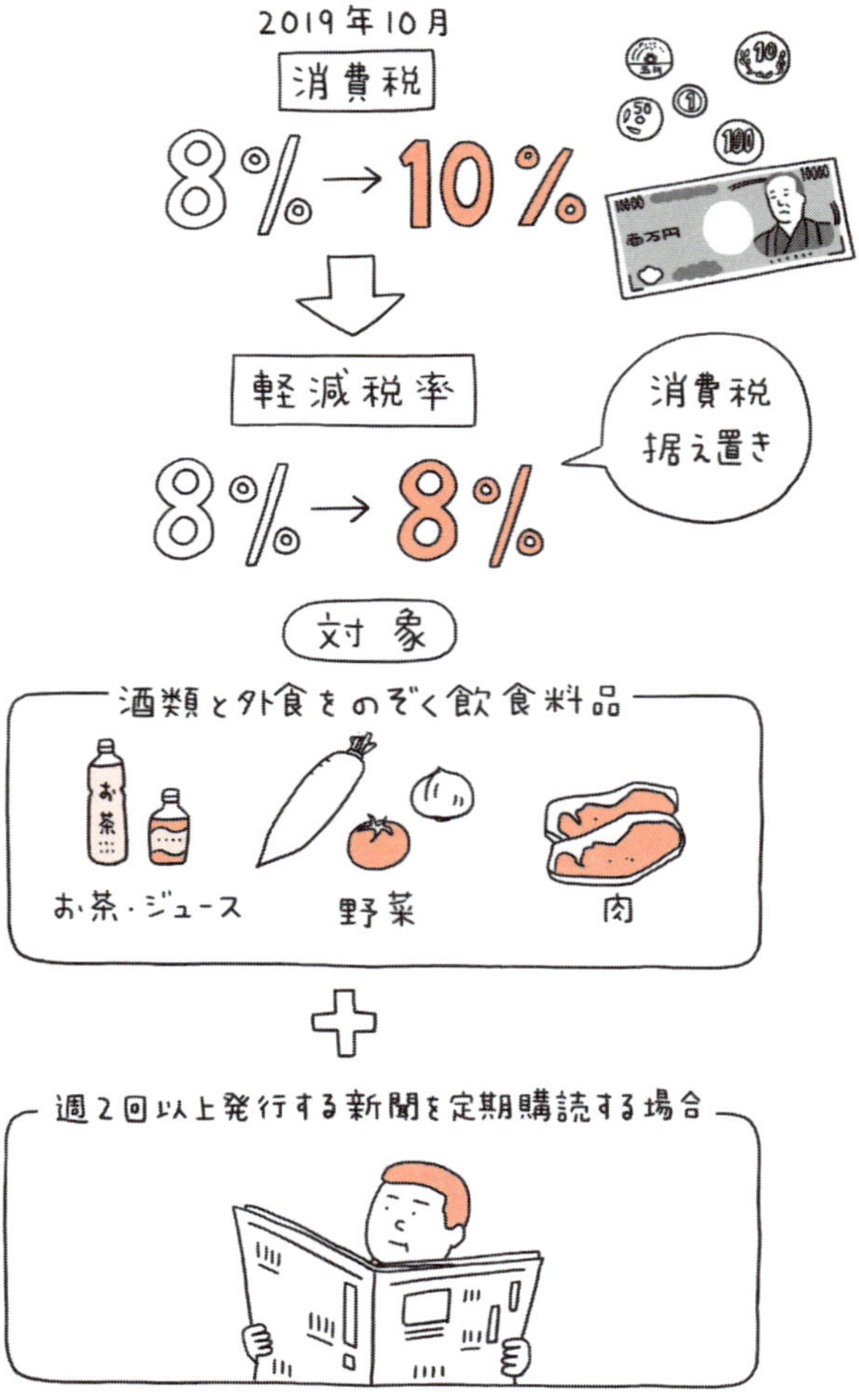
2019年10月
消費税
8%→10%
軽減税率
8%→8%
消費税据え置き
対象
酒類と外食をのぞく飲食料品
お茶・ジュース
野菜
肉
週2回以上発行する新聞を定期購読する場合

とコメントしました。

それなら、学習塾、英会話教室、カルチャーセンターの入学金や授業料はなぜ軽減税率の対象外なのか。「新聞は公共財だから軽減される」なら、電気やガス、水道はなぜ軽減税率の対象でないのか。

こうした疑問に、新聞社はどう答えるのでしょう。うがった見方をすれば、政権は新聞に軽減税率を適用することで新聞社に恩を売ったことになります。自分たちが優遇される立場だと、消費税への批判も強くはできませんよね。

新聞大好き人間の私としては、新聞が軽減税率の対象になるのは助かりますが、新聞社は政府のことを悪く書くわけにはいかなくなる。そんなことにならなければいいのですが。

発展編

さらに詳しく知っておこう！

軽減税率は、食料品を持ち帰るときには適用されますが、コンビニ店内などで食べる場合は「外食」扱いとなり、適用されません。一つ一つの解釈がややこしくなるのです。

子どもと一緒に考えよう！

NHKは国の放送局なの？

池上さんだったらこう答える！

税金で運営される「国営放送」とは異なり私たちの受信料で成り立つ「公共放送」です

NHKは私たちから受信料を集めています。同じテレビ局でも、民放とはそこが大きく違いますね。

まず、放送局には「国営放送」「公共放送」「民間放送」の3種類があります。

国営放送は国の税金で運営され、政府の言うことをそのまま伝える放送局です。「中国中央テレビ」や「エジプト国営放送」がこれに当たります。独裁国家や開発途上国に多く、先進国には見当たりません。

民間放送は、企業のCM収入で運営される放送局です。NHKは受信料で運営される公共放送です。イギリスのBBCがお手本で、BBCも受信料で成り立ち、政府から独立しています。

籾井《もみい》勝人前NHK会長が就任会見でした「政府が右と言うものを左と言うわけにはいかない」という発言は、公共放送のトップとして考えられないものでした。大きな間違いなのです。

NHKは戦前、ラジオ放送からスタートしました。当時、ラジオの受信機を持っている家庭など東京都内でもわずか。そんな一部の人のために、国民の税金を使うわけにはいかない。そこで「受益者負担」の考え方を導入。直接、利益のある人からお金を徴収する形になったのです。高速道路と同じですね。

ただ、税金ではないにしろ多くの国民からお金を集める以上、運営状況は国の代表が監視する必要があります。そこで「受信料を納めている人の代表」として選ばれるのが経営委員です。経営委員は「地域ごとの代表＋職種別の代表」＝計12人です。国会議員も国民が選挙で選んだ国民の代表であることから、衆・参両議院の同意を得て内閣総理大臣が任命します。そして、12人からなる経営委員会が、NHKの会長を選ぶ仕組みです。

公共放送は、政権からは中立・公正であるべき

ただ、NHK内部では会長は絶大な力を持っています。

放送局の種類

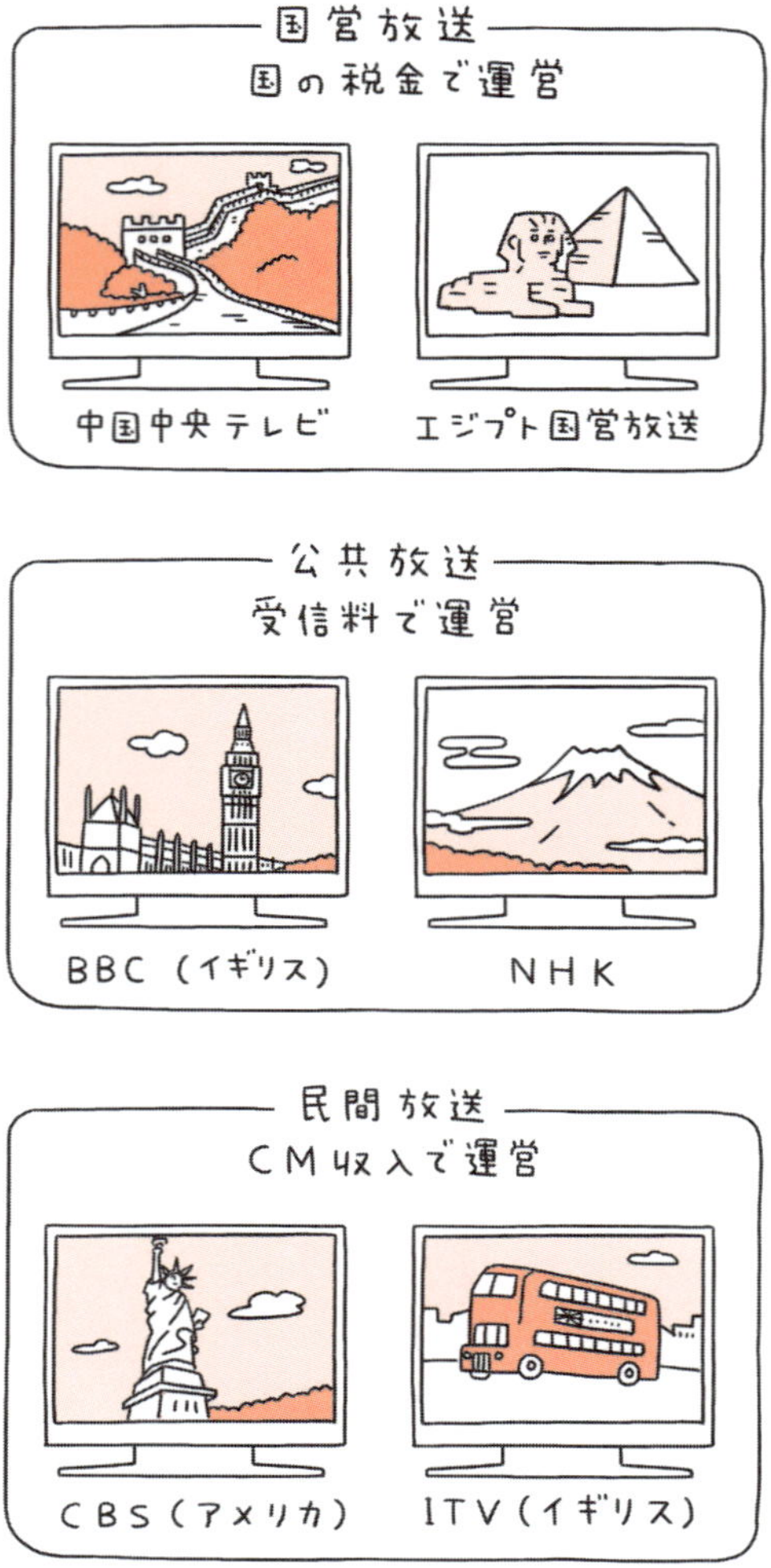
国営放送
国の税金で運営
中国中央テレビ
エジプト国営放送
公共放送
受信料で運営
BBC（イギリス）
NHK
民間放送
CM収入で運営
CBS（アメリカ）
ITV（イギリス）

私がＮＨＫに入局した頃、会長は朝日新聞社出身者でした。この人のときからＮＨＫは、報道重視になったのです。

会長がどこまで介入するかにもよりますが、指揮命令系統で言えば番組の内容をあしろ、こうしろと命令することも可能ではあります。安倍総理の「お友達」と言われた籾井氏が会長になったとき、憶測が流れたのはそういう理由でした。

ＮＨＫは公共放送である以上、政権がどう変わろうと、どんな力にも屈しない公正な放送を行わなければなりません。

フォークランド紛争のとき、ＢＢＣは「我が軍」「敵軍」とは呼ばず、「イギリス軍」「アルゼンチン軍」と呼び、客観的戦況を放送し続けました。サッチャー首相は激怒しましたが、「家族を失った悲しみは英国人もアルゼンチン人も変わらない」と方針を変えなかったのです。

どんなときでも政府や権力から中立でいること、それが真の報道というものなので すが、その点で最近のＮＨＫニュースはどうなのでしょうか。

発展編

さらに詳しく知っておこう！

いつの時代も政府は放送内容に影響を与えたいもの。「圧力」があるのは当たり前なのです。問題は、圧力をはねつけることができるかどうかです。

子どもと一緒に考えよう！

テレビ番組を審査するというBPOってどういうところ？

池上さんだったらこう答える！

番組内容を自ら検証することで、表現の自由を確保するためにテレビ局がつくったチェック機関です

あるテレビ番組がBPOの審査対象になった、なんてことを聞きますよね。このBPO、いったい何をするところなのでしょう。

BPOとは「放送倫理・番組向上機構」で、NHKと日本民間放送連盟（民放連）が2003年に設置した第三者機関です。

簡単に言えば、「テレビの世界の映倫（映画倫理委員会）」ですね。

映画を見に行くと、必ずスクリーンの右下に「映倫」という文字が出ます。あれは映倫の承認を受けて上映していますという意味です。映画界もかつては暴力シーンやわいせつな映像が問題になり、警察の取り締まりを受けました。ついには文部省（現・文部科学省）が規制のために法律を準備するまでに至ってしまったのです。

これに苦慮した映画界が、表現の自由に対する公権力の直接の介入を防ぐために自主規制機関としてつくった第三者機関が「映倫」です。そこで自主的にチェックをしようということになったのです。

一方、テレビ放送における言論と表現の自由を確保しつつ、視聴者の基本的人権を擁護するためにつくられたのがBPOです。視聴者から問題があると指摘された番組や放送を検証し、自律と放送の質の向上を促すのが、その役割です。

3つの委員会からなり、①放送倫理上の問題や放送された内容が虚偽だと指摘された番組について調査する「放送倫理検証委員会」、②放送によって人権侵害を受けたという申し立てを審理する「放送と人権に関する委員会」、③青少年が視聴するには問題があると指摘された番組について審議を行う「青少年委員会」があります。

自民党によるテレビ局への抗議は放送法違反だった？

放送局にとってBPOは怖い存在です。もしその調査対象になったりしたら、それはそれは大騒ぎです。

以前にも、NHKの報道番組『クローズアップ現代』がやらせ問題で「重大な放送倫理違反がある」とBPOから批判されました。その際、放送倫理検証委員会は厳し

番組や放送を検証するBPO

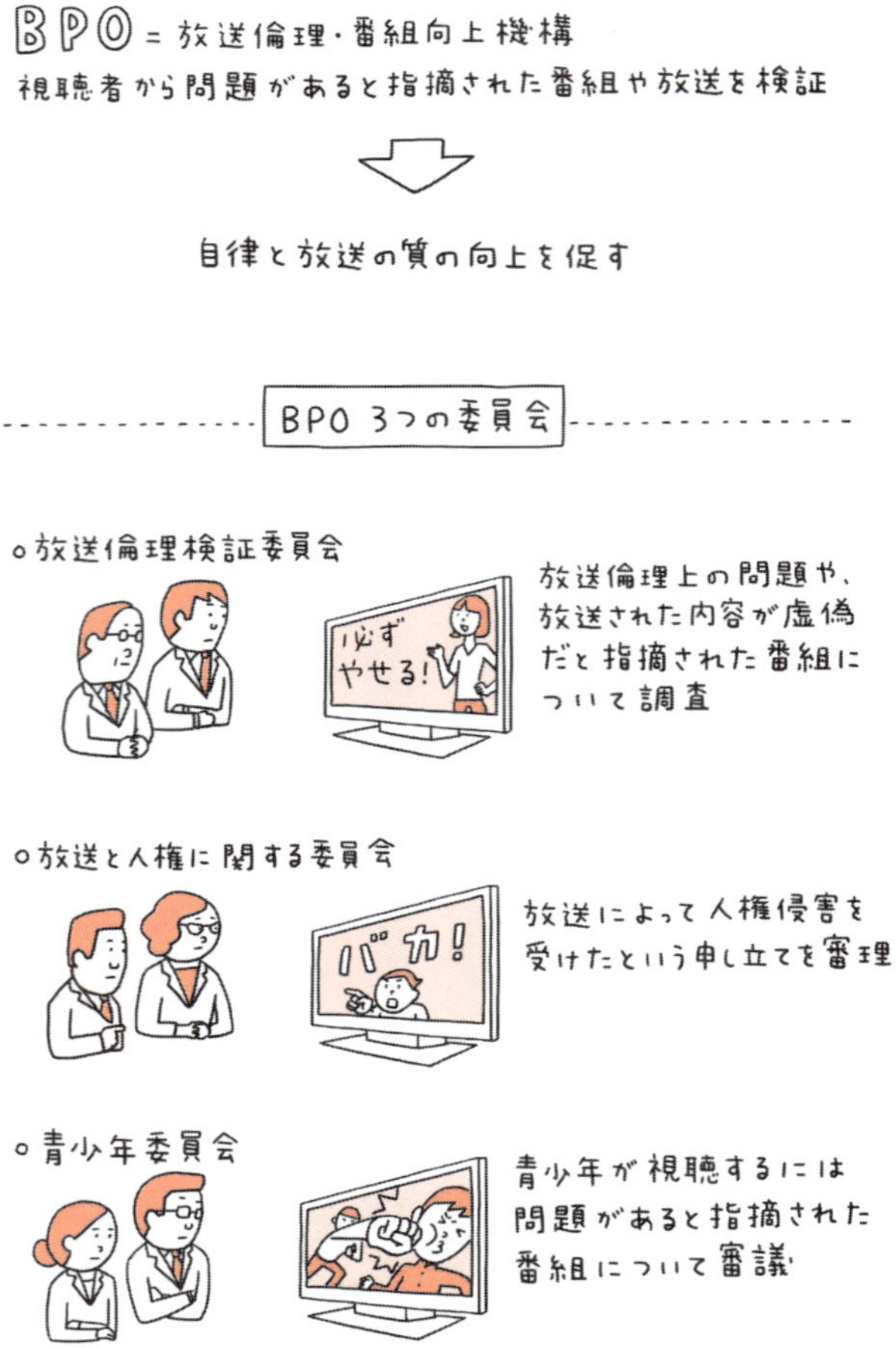
BPO＝放送倫理・番組向上機構
視聴者から問題があると指摘された番組や放送を検証
自律と放送の質の向上を促す
BPO 3つの委員会
○放送倫理検証委員会
必ずやせる!
放送倫理上の問題や、放送された内容が虚偽だと指摘された番組について調査
○放送と人権に関する委員会
バカ!
放送によって人権侵害を受けたという申し立てを審理
○青少年委員会
青少年が視聴するには問題があると指摘された番組について審議

い意見書を出しましたが、「おわりに」にはこうあります。「戦後70年の夏、多くの人々が憲法と民主主義について深く考え、放送もまた、自らのありようを考えさせられる多くの経験をした」。

何が言いたいのかと言えば、安倍政権とメディアとの関係でしょう。

意見書が出た当時、自民党の情報通信戦略調査会は、『クロ現』のやらせ問題や、テレビ朝日の『報道ステーション』での古賀茂明氏の、自分への政治的圧力があったとする発言について、NHKとテレビ朝日の幹部から意見聴取を行いました。総務大臣は大臣名でNHKに文書による厳重注意をしました。

これは、アメリカだったら大騒ぎになるような話です。放送による表現の自由は、憲法第21条によって保障され、放送法はさらに「放送の不偏不党、真実及び自律を保障することによって、放送による表現の自由を確保すること」（第1条2号）という原則を定めています。これは戦前、メディアがいわゆる大本営発表を流すだけの御用放送になってしまった過去の反省から来るものなのです。

政府は放送局に対し監督権限はありますが、放送内容にまで口を出したら放送法に抵触することになります。この「おわりに」での一文は、政府の介入に対して放送法が保障する「自主・自律」を侵害する行為そのものではないかと言っているのです。

発展編

さらに詳しく知っておこう！

放送法は「不偏不党」をうたっていますが、これは政治的圧力や介入を防ぐためのものなのです。

子どもと一緒に考えよう！

ニュース番組のキャスターって自由にコメントしているの？

池上さんだったらこう答える！

意見を言うのは、論説委員やコメンテーターで、キャスターは本来意見は言わない存在なのです

「偏向報道」という言葉を耳にすることがあります。テレビや新聞の報道姿勢が偏っているという意味です。テレビで言えばニュース番組がその矛先になることが多いようです。

テレビ局は総務省から放送免許の交付を受け、公共の電波を使って番組を流しているので、公平中立な放送を心がけなくてはいけません。その一つの例として、新聞社には自社の主張や見解を書く論説委員という記者がいますが、テレビ局にはいません。いるのは解説委員です。解説はするが、特定の主張はしないという立場だからです。

私自身、NHK在職時代、報道は客観的に公正、公平、中立でなければならないとたたき込まれました。個人的な意見は述べてはいけなかったのです。

ニュース番組のキャスターはどうでしょう。そもそもキャスターとは、客観的にニュースを伝え、コメンテーターなどに意見を聞くのが仕事です。本来、意見を言う役割ではありません。

その一方、ニュースには権力を監視するという大事な役割もあります。政府の言い分をそのまま伝えるだけでは、ニュースの責任を果たしたことにはなりません。

ニュース番組の編集責任権があれば、意見を言う必要はないのだが

アメリカのニュースキャスターも個人的な意見は言いません。ところが、真摯《しんし》な報道姿勢で「アメリカの良心」と言われたCBSニュースのキャスターのウォルター・クロンカイトがベトナム戦争を取材しリポートをしたとき、遠回しにベトナム戦争の継続に反対を表明しました。

意見を言わないはずの人が意見を言ったので、アメリカの世論に大きな衝撃と影響を与え、ジョンソン大統領はベトナムからの撤退に追い込まれました。

そもそも、アメリカの「キャスター」は番組の最高編集責任者という立場です。どのニュースを扱うか、ニュースを選んで順番もすべて決める。ある種、自分の判断で番組ができているので、番組の中で個人の意見を言う必要がないと言うこともできます。

キャスターとコメンテーターの関係

キャスター

客観的にニュースを伝え、
コメンテーターなどに
意見を聞く

コメンテーター 自分の意見を述べる

日本の場合は、NHKの『ニュースウオッチ9』がこれと同じつくり方をしていて、どのニュースを扱うかはメインキャスターの意向が重視されます。それに対し、テレビ朝日の『報道ステーション』は局の番組責任者がニュースを決めているので、局員ではないキャスターの場合、自分の意見を交えたくなるのかもしれませんね。

そう言えば、政権に対し辛口なキャスターたちが相次いでニュース番組を降板したことがありました。政府が直接圧力をかけたかはともかく、テレビ局の上層部が安倍政権の意向を忖度して、キャスター交代に動いたのではないかと言われています。

ニュースは客観的に伝えるべきで、政治の圧力に屈したり政権の宣伝をしたりするべきではありません。そういう番組は、視聴者の信頼を失っていくことでしょう。

発展編

さらに詳しく知っておこう！

日本の放送局には「中立公正」原則がありますが、アメリカにはありません。FOXニュースは共和党寄り、MSNBCは民主党寄りの報道をしています。

子どもと一緒に考えよう！

ネットに流れているニュースや情報は、信用できる？　できない？

池上さんだったらこう答える！

真偽不明の情報が拡散されるのがネットの世界。うのみにせず、自分で調べ、考えることが求められる時代

新聞の販売部数が落ち込んでいます。通勤電車の中で新聞を読む会社員の姿はめっきり減り、見ているのは全員スマホです。ニュースもスマホで読む時代になったのですね。

新聞記事の場合は、記者が取材して書いたものをデスクが修正したり、編集者や校閲者がおかしなところにチェックをしたりして、正確を期そうとしています。しかし、ネットでは個人が書いたものであっても新聞社の記事と同列に表示されてしまいます。第三者の目を通さないため、思い込みや間違いがそのままネットで拡散されるこ

ともあるのです。

アメリカ大統領選でも、「フェイクニュース」(虚偽のニュース)が問題になりました。選挙中、「ローマ法王がトランプ氏支持表明」や「クリントン氏が過激派組織『イスラム国』(IS)に武器を売却」という偽ニュースが出回りました。ニュースの一部は、マケドニアの学生が小遣い稼ぎにつくったものでした。偽ニュースで読者を増やして広告収入を得ようとしたのです。これが選挙結果に影響したとしたら、たまったものではありません。

かと思えば、トランプ大統領は自分の都合の悪い報道が出ると、すべて「フェイクニュースだ!」と決めつけています。大統領選挙にロシアが介入し、わざとヒラリー・クリントン陣営に不利な情報を流したのではないかといういわゆる「ロシアゲート」疑惑を報道したCNNを、そう批判しているのです。

SNSは有益だが、一方的な発信には問題もある

ネットの世界でニュース以上に影響力を持つのが、SNSです。個人が気軽につぶやいたことが拡散され、さまざまな憶測を呼び、それが事実だと信じ込んでしまう人も出てきます。

私自身は、番組で自分の意見を言うことはありません。見ている人たちに自分で考えてほしいからです。番組の中で、ある芸人さんが「池上さんはどう考えているんで

ネットには真偽不明の情報も

ネットには真偽不明の情報もある。
「誰が発信しているのか」
「信頼できるニュースソースなのか」
を考える

すか？　池上さんが正しいと思います」と言ったのに対して、「自分で考えないで池上の言うことに従おうというのがいちばん危険なんですよ」と叱ったとネットで大きく取り上げられたことがありました。

芸人さんには気の毒でしたが、誰かの言ったことを疑わずにうのみにするのは非常に問題があることです。

ネット社会とは、情報が多いようで実は狭いのです。自分が知りたい情報だけが集まってきて、同じ意見を持つ人とばかりつながっていく。それが今、世界中で起きている「分断」を深刻化させているのでしょう。

ネットの情報に向き合うには、「健全な懐疑心」を持つことが大事だと思います。誰が発信しているのか、信頼できるニュースソースなのかという意識を持ち、うのみにしない。ネットで検索したときには、最初に表示されるページだけでなく、必ず次の数ページまで見ることをおすすめします。

発展編

さらに詳しく知っておこう！

ニュースを読み解く力のことを「メディアリテラシー」といいます。「リテラシー」とは「読む能力」のこと。テレビや新聞、雑誌、ネットなどが伝える内容の真偽を判断する力のこと。難しいことですが、大事な能力です。

おわりに

ここまでおつきあいくださり、ありがとうございました。

ひとつひとつのニュースの項目は、あなたも当然知っていたことが多かったと思います。でも、それをまとめて読むことで、日本や世界のことが、少しはわかってきたのではありませんか。

日本中で空き家が増えていること。道路やトンネルが古くなっても放置されていること。大学に行くことが経済的に困難になっている人たちが増えていること。大きな災害がますます増え続けていること。こうした現実を知ることで、私たちは日本が抱えている課題を考えることが可能になります。

この本は、雑誌『レタスクラブ』で私の連載を担当している編集者たちとの定期的な会合がきっかけとなって生まれました。その時々のニュースについて語っているうちに、いつしかこの本を出すことへと話が発展しました。いつも勝手なことを言い合っていたのに、いつの間にか、まともなテーマにまとめてくれた松崎のり子さんや、本の形に編集してくれた若松友紀子さんに感謝です。

2018年12月

ジャーナリスト　池上　彰

本書は雑誌『レタスクラブ』で連載している『池上彰のおうち発
本当は深いあのニュース！』をベースに構成、大幅に加筆修正し
新たに図版イラストを加えて編集したものです。記載されている
情報は本書制作時点のものです。ご了承ください。

池上彰（いけがみ　あきら）
1950年生まれ。ジャーナリスト、名城大学教授、東京工業大学特命教授、東京大学客員教授、愛知学院大学特任教授。立教大学、信州大学、日本大学、順天堂大学でも講義を担当する。
慶応義塾大学を卒業後、73年にNHK入局。94年から11年間、「週刊こどもニュース」のお父さん役として活躍。2005年に独立。今さら聞けないニュースの基本と本質をわかりやすく解説。
『知らないと恥をかく世界の大問題』シリーズ、『イラスト図解 社会人として必要な経済と政治のことが5時間でざっと学べる』（いずれもKADOKAWA）など著書多数。

子《こ》どもに聞《き》かれてきちんと答《こた》えられる
池上 彰《いけがみあきら》のいつものニュースがすごくよくわかる本《ほん》

2018年12月20日　初版発行

著者／池上《いけがみ》 彰《あきら》

発行者／川金　正法

発行／株式会社KADOKAWA
〒102-8177　東京都千代田区富士見2-13-3
電話　0570-002-301（ナビダイヤル）

印刷所／凸版印刷株式会社

ISBN 978-4-04-896394-7　C0030